Découvertes 3

Verbenlernheft

von
Marilou Garon

Ernst Klett Verlag
Stuttgart · Leipzig

VORWORT

Verben lernen mit dem Verbenlernheft

Dieses Verbenlernheft im Taschenformat soll dir dabei helfen, die Verben von *Découvertes* zu wiederholen. Du kannst in Pausen oder im Bus kleine Übungen zu den Verben machen oder Verbformen nachschlagen, die dir gerade nicht mehr einfallen.

Am Anfang jeder *Leçon* findest du eine Auflistung aller Verben, die hier vorkommen. Die Zahl **(N°)** in der rechten Spalte gibt dir an, in welcher Verbtabelle im Mittelteil des Heftes du die gesuchte Verbform findest.

Willst du unabhängig von einer *Leçon* eine Verbform nachschlagen, hilft dir die alphabetische Verbenliste am Ende des Verbenlernheftes weiter. Hier findest du ebenfalls Verweise auf die entsprechenden Verbtabellen **(N°)**. Die Angabe der Fundstelle in deinem Buch (z. B. **III 5, 5** = Band 3, *Leçon 5,* Übung 5) zeigt dir sofort, ob ihr ein Verb schon durchgenommen habt oder nicht.

Einige Verben musst du auch noch gar nicht können. Dies erkennst du an den Klammern an einem Verb: [ ] bedeutet, dass du das Verb nur dann lernen musst, wenn ihr es in der Schule auch durchgenommen habt. < > bedeutet, dass du von diesem Verb nur einzelne Formen kennen musst, weil ihr das Verb als Ganzes noch nicht behandelt habt. Du musst es noch nicht vollständig konjugieren können.

Dieselben Klammern findest du auch im Mittelteil mit den Verbtabellen wieder. Sind hier nur einzelne Zeiten eingeklammert, bedeutet das, dass du diese auch noch nicht können musst. Zusätzlich findest du hier einen Verweis auf den Paragrafen in deinem *Grammatischen Beiheft* (z. B. **III § 19** = Band 3, Paragraf 19), in dem du das Verb noch einmal ausführlich anschauen kannst.

Die Verben, die im Mittelteil mit den Verbtabellen und in der alphabetischen Verbenliste mit einem Sternchen (*) gekennzeichnet sind, bilden das **Passé composé** mit ***être***.

Viel Spaß und Erfolg!
Dein *Découvertes*-Team

LEÇON 1

Texte: Une bonne leçon

		N°
retrouver qn [ʀətʀuve]	jdn. wieder finden; *(hier)* jdn. treffen	1a
se baigner [səbeɲe]	baden	1a
proposer à qn de **faire** qc [pʀɔpoze]	jdm. vorschlagen, etw. zu tun	1a, 6
avouer qc [avwe]	etw. zugeben, etw. gestehen	1a
flasher sur qn *(fam.)* [flaʃe]	auf jdn./etw. abfahren *(ugs.)*	1a
s'allonger [salɔ̃ʒe]	sich hinlegen, sich ausstrecken	1f
se moquer de qn [səmɔke]	sich über jdn. lustig machen	1a
se balader *(fam.)* [səbalade]	spazieren gehen	1a
draguer qn *(fam.)* [dʀage]	jdn. anbaggern, jdn. anmachen *(ugs.)*	1a
Arrête ton cinéma! *(fam.)* [aʀɛtɔ̃sinema]	Hör auf mit dem Theater! *(ugs.)*	1a
c'**est** pourquoi [sɛpuʀkwa]	deshalb	4
demander pardon à qn [dəmɑ̃depaʀdɔ̃]	sich bei jdm. entschuldigen	1a
à **partir** de [apaʀtiʀdə]	von … an	3a

Pratique

1	**résumer** qc [ʀezyme]	etw. zusammenfassen	1a
3	**souligner** qc [suliɲe]	etw. unterstreichen	1a
9	**interdire** à qn de **faire** qc [ɛ̃tɛʀdiʀ]	jdm. verbieten, etw. zu tun	18, 6
9	**s'excuser** [sɛkskyze]	sich entschuldigen	1a
12	**fumer** [fyme]	rauchen	1a

Das **Imparfait** wird vom Stamm der 1. Person Plural Präsens abgeleitet. (§ 2)

LEÇON 1

! Beachte bei den Verben auf ***-ger (manger)*** und ***-cer (commencer)*** die unregelmäßigen Formen des Imparfait in der 1. und 2. Person Plural:

je man**ge**ais, **aber:** nous man**gi**ons, vous man**gi**ez
je commen**ç**ais, **aber:** nous commen**ci**ons, vous commen**ci**ez

TIPP Merke dir die Schlüsselfragen zum Gebrauch des Imparfait und des Passé composé. Dann hast du es leichter, die Zeiten voneinander zu unterscheiden.

1. Bildung des Imparfait. Erinnerst du dich an die Endungen? Notiere sie und ergänze dann die Tabelle mit den korrekten Verbformen im Imparfait. (§ 2)

Endungen:

je: -__________ tu: -__________ il/elle/on: -__________

nous: -__________ vous: -__________ ils/elles: -__________

Bsp.:	elle	(interdire)	interdisait
a)	tu	(s'excuser)	__________
b)	ils	(être)	__________
c)	vous	(s'allonger)	__________
d)	il	(ouvrir)	__________
e)	elle	(attendre)	__________
f)	nous	(finir)	__________
g)	je	(commencer)	__________
h)	elles	(avoir)	__________

2. **Bilde Sätze und verwende dabei je nach Bedarf das Imparfait oder Passé composé.** (§ 3, § 4)

a) David/à Charlotte/Laurent (présenter)/et à Elodie.

____

b) mes parents/jusqu'à onze heures./

En vacances,/(dorment)

____

c) (proposer)/de manger avec nous./Ma mère et moi/

à Charlotte

____

d) quand David/Charlotte (se balader)/sur la plage/(arriver).

____

3. Imparfait oder Passé composé? Vervollständige die Sätze mit der richtigen Form und kreuze die passende Begründung an. (§ 3, § 4)

Bsp.: Elles (se baigner) tous les jours.
Elles se baignaient tous les jours.

	Imparfait	Passé composé	Begleitumstände, gewohnheitsmäßige Handlungen	einmalige Handlungen oder Handlungsketten	zeitlich nicht begrenzte Handlungen	zeitlich begrenzte Handlungen
Bsp.:	x		x			
a)						
b)						
c)						
d)						
e)						

a) Hier, toi et Charlotte (demander pardon) ____________ à Elodie.

b) Je/J' (rencontré) ____________ Elodie et Charlotte sur la plage.

c) Elodie et moi (aller) ____________ à la plage tous les jours.

d) Ils (arriver) ____________ à minuit.

e) David (avoir) ____________ un t-shirt rouge.

Die Lösungen zu den Übungen findest du auf Seite 93.

LEÇON 2

Texte: Les surprises du voyage

		N°
avant de **faire** qc [avɑ̃də]	bevor man etw. tut	**6**
caresser qn/qc [kaʀese]	jdn./etw. streicheln	**1a**
après **avoir fait** qc [apʀɛzavwaʀ]	nachdem man etw. getan hat	**5, 6**
s'arrêter [saʀete]	anhalten	**1a**
soigner qn/qc [swaɲe]	jdn./etw. pflegen	**1a**
faire envie à qn [fɛʀɑ̃vi]	jdn. neidisch machen	**6**
C'**est** le pied! *(fam.)* [sɛləpje]	Das ist der Hammer! *(ugs.)*	**5**

Pratique

7	**inventer** qc [ɛ̃vɑ̃te]	etw. erfinden	**1a**
7	**être mort(e)** [ɛtʀəmɔʀ(t)]	gestorben sein, tot sein	**5, 36**

1. Kreuze die jeweils richtige Form des Plus-que-parfait an. (§ 5)

a) Les élèves
- ☐ sont passés
- ☐ étaient passés
- ☐ sont passé

devant l'hôtel de ville avant d'entrer dans le musée.

b) Julia
- ☐ était allée
- ☐ est allée
- ☐ est allé

à l'office de tourisme avant d'arriver à l'église Notre-Dame.

c) Thomas
- ☐ s'était arrêté
- ☐ s'est arrêté
- ☐ s'avait arrêté

avant la fin de la visite.

d) Isabelle et Julia
- ☐ était sorties
- ☐ sont sorties
- ☐ étaient sorties

de leurs chambres quand madame Fritz est arrivée.

2. Bestimme die jeweils verwendete Zeit und forme dann die Sätze entsprechend der Vorgabe um. (§ 5)

Bsp.: Elles mettent de la moutarde dans les crêpes! (Präsens)

Passé composé: Elles ont mis de la moutarde dans les crêpes!

a) On n'avait pas dormi pendant la nuit! (________________)

Imparfait: ______________________________________

____.

b) Thomas et son frère partaient pour la première fois en France. (________________)

Plus-que-parfait: __________________________________

____.

c) Julia et moi mangeons trop d'escargots! (________________)

Imparfait: ______________________________________

____.

d) Je visitais la vieille ville à pied. (________________)

Plus-que-parfait: __________________________________

____.

e) Toi et Laure achetez une poule au marché.

(________________)

Passé composé: ___________________________________

____.

f) Tu n'étais jamais allé à Dijon? (________________)

Imparfait: ______________________________________

____.

3. Imparfait, Passé composé oder Plus-que-parfait? Vervollständige die Sätze mit der richtigen Form und kreuze die passende Begründung an. (§ 5)

Bsp.: Madame Fritz (visiter) la France en 1975.
Madame Fritz a visité la France en 1975.

	Imparfait	Passé composé	Plus-que-parfait	gewohnheitsmäßige, zeitlich nicht begrenzte Handlungen	einmalige, zeitlich begrenzte Handlungen	Vorvergangenheit: Es war schon vorher geschehen.
Bsp.:		×			×	
a)						
b)						
c)						
d)						
e)						

a) A Dijon, nous (manger) __________________ des escargots tous les jours!

b) Julia et toi (dormir) __________________ dans la même chambre.

c) Tu (répondre) __________________: «Non, merci!»

d) Vous (déjà finir) __________________ quand je suis arrivée.

e) Hier, Julia et Isabelle (commencer) __________________ d'écrire leurs cartes postales.

Die Lösungen zu den Übungen findest du auf Seite 93.

LEÇON 3

Texte: Rebelle N° 10

		N°
aimer mieux qc [ememjø]	etw. lieber mögen	1a
s'occuper de qn/qc [sɔkype]	sich mit jdm./etw. beschäftigen; sich um jdn./etw. kümmern	1a
s'entraîner [sɑ̃tʀene]	trainieren, üben	1a
s'habituer à qn/qc [sabitɥe]	sich an jdn./etw. gewöhnen	1a
s'endormir [sɑ̃dɔʀmiʀ]	einschlafen	3a
se sentir [səsɑ̃tiʀ]	sich fühlen	3a
Je m'en **fous**! *(fam.)* [ʒəmɑ̃fu]	Das ist mir schnuppe! *(ugs.)*	34
contrôler qn/qc [kɔ̃tʀole]	jdn./etw. kontrollieren	1a
avoir besoin de **faire** qc [avwaʀbəswɛ̃]	etw. tun müssen	5, 6
voyager [vwajaʒe]	fahren, reisen	1f
faire qc au noir [fɛʀ … onwaʀ]	etw. „schwarz" machen *ohne Berechtigung*	6

Pratique

7 **prendre** position sur qn/qc [pʀɑ̃ndʀəpozisjɔ̃]	zu jdm./etw. Stellung beziehen	13

Im Gegensatz zu Adjektiven sind Adverbien unveränderlich. Ihre Stellung im Satz kann hingegen variieren. (§ 10, § 11)

TIPP Präge dir die unregelmäßigen Adverbien besonders gut ein (§ 9). Gerade sie werden häufig gebraucht.

LEÇON 3

1. Wähle das richtige Adverb und schreibe die Sätze neu, indem du das Adverb an der richtigen Stelle ergänzt.
(§ 9, § 10, § 11, § 12)

a) Les contrôleurs de bus sont gentils.
- ☐ heureument
- ☐ heureux
- ☐ heureusement

____.

b) Babaka a répondu aux questions de l'interview.
- ☐ bon
- ☐ bien
- ☐ bonnement

____.

c) Les devoirs de Nouria étaient … les devoirs de Nathan.
- ☐ moins bien que
- ☐ plus bien que
- ☐ le mieux que

____.

d) En cours, toi et Nathan étiez très drôles.
- ☐ vraiment
- ☐ vrai
- ☐ vraiement

____.

e) Tu peux me répondre?
- ☐ gentillement
- ☐ le plus gentil
- ☐ gentiment

____.

f) Je travaille … ma sœur.
- ☐ mieux que
- ☐ aussi mieux que
- ☐ plus mieux que

____.

LEÇON 3

2. Schreibe die Sätze neu und setze das passende Adverb an die richtige Stelle. (§ 11)

beaucoup déjà souvent tôt hier

a) Au collège, Nathan s'endort.

____.

b) Je me suis promené au centre-ville.

____.

c) Toi et Babaka avez aimé l'interview.

____.

d) Nathan et sa famille ont quitté Lyon.

____.

e) Ce matin, tu t'es levé.

____.

3. Bilde Sätze. Achte auf die reflexiven Verben. (§ 14)

a) ne pas se sentir (Imparfait) / Babaka et sa mère / français.

____

b) en colère / Nouria / parce que / être (Imparfait) / se disputer (Plus-que-parfait). / elle et sa mère

____

c) du contrôleur. / se moquer (Passé composé) / Nathan

____

d) Nathan et Babaka / à 6 heures du matin / pour faire leurs devoirs. / se lever (Plus-que-parfait)

____

4. Ergänze das Interview durch Inversionsfragen.
Verwende das Passé composé oder das Imparfait. (§ 13)

Un accident dans le bus!

a) Babaka, (avoir peur) ______________________?

– Non, je suis resté calme.

b) Le contrôleur, (voir) ______________________ ton ticket?

– Oui, il a vu mon ticket mais il n'a pas vu le ticket de la dame parce qu'il est tombé.

c) (appeler) ______________________ au secours?

– Oui, elle a téléphoné à la police.

d) (avoir) ______________________ un portable?

– Oui, heureusement, elle avait son portable!

e) (parler) ______________________ à tes parents?

– Non! Mais maintenant je vais téléphoner à mes parents et aux copains pour leur raconter l'aventure!

Die Lösungen zu den Übungen findest du auf Seite 94.

LEÇON 4

Entrée: Etre ado à Nice

		N°
deviner qc [dəvine]	etw. erraten	**1a**

Texte: Une histoire de «ouf»!

former qc [fɔʀme]	etw. gründen	**1a**
suivre qn/qc [sɥivʀ]	jdm./etw. folgen	**32**
passer à la télé [pasealatele]	einen Fernsehauftritt haben	**1a**
filmer qn/qc [filme]	jdn./etw. filmen	**1a**
C'**est** notre première télé. [sɛnɔtʀəpʀəmjɛʀtele]	Das ist unser erster Fernsehauftritt.	**4**
espérer qc [ɛspeʀe]	etw. hoffen	**1d**
s'asseoir [saswaʀ]	sich setzen	**35**
C'**est** trop! *(fam.)* [sɛtʀo]	Das gibt's ja nicht! *(ugs.)*	**4**
halluciner *(fam.)* [alysine]	völlig abdrehen *(ugs.)*	**1a**
enregistrer qc [ɑ̃ʀəʒistʀe]	etw. aufnehmen, etw. aufzeichnen	**1a**
offrir qc à qn [ɔfʀiʀ]	jdm. etw. anbieten; jdm. etw. schenken	**16**
mourir [muʀiʀ]	sterben	**36**
devenir qn/qc [dəvəniʀ]	jd./etw. werden	**8**

! Bei der Hervorhebung der 1. und 2. Person (Singular und Plural) mit **c'est ... qui** richtet sich das nachfolgende Verb nach dem Subjektpronomen:
*C'est **toi** qui **as** vu le prof?*

TIPP Erinnere dich an die Formen von **avoir**. Dann fällt die Bildung des **Futur simple** nicht mehr schwer.

LEÇON 4

1. Bilde Sätze mit Hervorhebung (c'est … qui/ce sont … qui, c'est … que/ce sont … que) der kursiv gesetzten Elemente. Ersetze diese durch Pronomen.
(§ 18, § 19, § 20, § 21)

Bsp.: *le voleur* / (mourir, Futur simple) / dans l'histoire.
C'est lui qui mourra dans l'histoire.

a) *ma grand-mère* / (mourir, Passé composé) / hier soir.

____

b) *nous* / (s'asseoir, Präsens) / toujours / derrière Bruno.

____

c) je / (suivre, Imparfait) / *le voleur* / quand le policier est arrivé.

____

d) *les parents* / (mourir, Futur simple) / avant les enfants.

____

e) *toi et Samira* / (s'asseoir, Passé composé) / sur le lit.

____

f) Elodie et Samira / (suivre, Passé composé). / *Jérémie*

____

2. Konjugiere die Verben im Futur simple. (§ 16)

	être	**avoir**	**vouloir**	**pouvoir**
je/j'				
tu				
il/elle/on				
nous				
vous				
ils/elles				

LEÇON 4

3. Ordne die Verben gemäß ihrer Eigenschaften im Futur simple den drei Gruppen zu. Trage dazu die 1. Person Singular des Futur simple in die Tabelle ein. (§ 16)

filmer payer mourir venir faire vouloir

pouvoir appeler voir savoir courir suivre

Mit einfachem „r“	Mit doppeltem „r“	Mit eingeschobenem „d“
je filmerai		

4. Ergänze den Dialog zwischen Elodie und Samira. Verwende je nach Bedarf das Futur composé oder das Futur simple. (§ 17)

– Allô, Samira? C'est Elo. Tu (venir) ____________ chez Bruno ce soir?

– Non, je ne peux pas! Je (finir) ____________ mon devoir d'anglais.

– C'est nul! Carla Bruni (passer) ____________ à la télé! Bruno et moi (écrire) ____________ une nouvelle chanson pour le groupe.

– Vous (enregistrer) ____________ Carla pour moi?

– D'accord, d'accord!

5. Ergänze die E-Mail von Samira. Verwende je nach Bedarf das Futur composé oder das Futur simple. (§ 17)

Salut Elo,

Malheureusement, je (ne pas pouvoir aller) ________________ chez Bruno ce soir. Je (faire) ________________ mon devoir d'anglais. (Pouvoir) ________________-vous enregistrer Carla Bruni? Nous (pouvoir) ________________ l'écouter ensemble. Je (payer) ________________ la pizza! Qu'en dis-tu? (Venir) ________________-vous chez moi samedi prochain? Mes parents (être) ________________ chez des amis et nous (avoir) ________________ la maison pour nous seuls!

Samira

6. Setze die Verben in der passenden Zeit ein. (§ 5, § 17)

a) Quand j' (être) ________________ jeune, mes parents et moi (habiter) ________________ à Dijon. Plus tard, nous (déménager) ________________ à Nices. L'année prochaine, nous (quitter) ________________ pour Lyon.

b) L'année dernière, nous (aller) ________________ à Nices en vacances. J' (être) ________________ triste parce que j' (perdre) ________________ mon amie pour l'été. J' (pleurer) ________________. Mais l'année prochaine, vous (voir) ________________, je (ne pas pleurer) ________________!

Die Lösungen zu den Übungen findest du auf Seite 94/95.

LEÇON 5

Entrée: Au pays des livres

		N°
consoler qn [kɔ̃sɔle]	jdn. trösten	**1a**
fermer qc [fɛʀme]	etw. schließen	**1a**

Texte: L'île aux lutins

rouler [ʀule]	fahren	**1a**
éteindre qc [etɛ̃dʀ]	etw. ausmachen, etw. ausschalten	**37**
craindre qn/qc [kʀɛ̃dʀ]	jdn./etw. fürchten	**37**
N'**aie** pas peur! [nepapœʀ]	Hab keine Angst!	**5**
attaquer qn/qc [atake]	jdn./etw. angreifen	**1a**
déclarer qc à qn [deklaʀe]	jdm. etw. erklären	**1a**
se plaindre de qn/qc [səplɛ̃dʀ]	sich über jdn./etw. beschweren, sich über jdn./etw. beklagen	**37**
peindre qc [pɛ̃dʀ]	etw. anmalen, etw. anstreichen	**37**
battre qn [batʀ]	jdn. schlagen, jdn. besiegen	**33**
laisser qc [lɛse]	etw. (zurück)lassen	**1a**
repartir [ʀəpaʀtiʀ]	(wieder) weggehen; *(hier)* wegfahren	**3a**
se coucher [səkuʃe]	sich schlafen legen, sich hinlegen	**1a**
sentir qc [sɑ̃tiʀ]	etw. riechen, etw. fühlen	**3a**

Pratique

5	**commencer** par qc [kɔmɑ̃se]	mit etw. beginnen, mit etw. anfangen	**1e**
5	**finir** par qc [finiʀ]	mit. etw. aufhören	**3b**
7	**rattraper** qn/qc [ʀatʀape]	jdn./etw. (wieder) einholen	**1a**

Merke dir die festen Verbindungen, in denen das Adjektiv die Funktion eines Adverbs übernimmt. Das Adjektiv ist in diesen Wendungen unveränderlich. (§ 24)

LEÇON 5

1. ***éteindre, craindre, se plaindre, peindre.***
Bringe das passende Verb in die gewünschte Form und finde die zusammengehörigen Satzteile. (§ 22)

a)	Antonin (Präsens)	______________	l'affiche demain.
b)	Louise et Samira (Passé composé)	______________	ma cigarette quand ma mère arrivera.
c)	Je (Futur simple)	______________	toujours de la météo!
d)	Fabien et moi (Futur simple)	______________	la mer quand tu étais petit?
e)	Tu (Imparfait)	______________	de la cigarette.
f)	En vacances, toi et papa (Präsens)	______________	le week-end avec ses parents.

2. **Korrigiere die 7 Adverbienfehler.** (§ 9, § 23, § 24)

de Antonin
à Nicolas

Salut Nicolas,
Je t'écris de la Bretagne. Mes parents ont choisi une très petite île. Evidement, j'ai apporté mon vélo alors ce n'est pas trop nul. Ici, les gens parlent différamment. Toujours je ne comprends pas. Les crêpes bretonnes sentent bonnes et ne coûtent pas chères. Nous en mangeons énormement! Je t'écrirai plus longuement demain.
A bientôt!
Antonin

3. Fülle das Kreuzworträtsel mit Kleinbuchstaben aus. Denke an die Accents und bei den reflexiven Verben an das Reflexivpronomen.

Bsp.: se baigner (tu, Passé composé)

Horizontal

2. s'endormir (tu, Passé comp.)
4. offrir (nous, Passé comp.)
7. se plaindre (il, Plus-que-p.)
8. devenir (je, Futur Simple)
10. partir (vous, Plus-que-p.)
12. s'excuser (ils, Futur simple)

Vertikal

1. commencer (je, Imparfait)
3. suivre (tu, Präsens)
5. éteindre (il, Präsens)
6. falloir (il, Imparfait)
9. dormir (je, Imparfait)
11. mourir (on, Futur simple)

Die Lösungen zu den Übungen findest du auf Seite 95.

[MODULE 1]

Texte: Un camping en flammes

		N°
arrêter qn/qc [aʀete]	jdn./etw. aufhalten, jdn./etw. stoppen	1a
détruire qc [detʀɥiʀ]	etw. zerstören	31
brûler qc [bryle]	etw. verbrennen	1a
sauver qn/qc [sove]	jdn./etw. retten	1a
fermer qc à clé [fɛʀme … akle]	etw. abschließen	1a
casser qc [kase]	etw. kaputt machen	1a
jeter qc [ʒəte]	etw. werfen	1b
faire [fɛʀ]	*(hier)* messen	6
avancer [avɑ̃se]	vorankommen	1e
blesser qn [blɛse]	jdn. verletzen	1a

! Nach ***si*** (in der Bedeutung von „wenn/falls") steht **nie** das ***Conditionnel*** oder das ***Futur***. (§ 27)

TIPP Die Bildung des ***Conditionnel présent*** ähnelt der Bildung des ***Futur simple***. Du musst dir nur die abweichenden Endungen merken, die an das ***Imparfait*** erinnern.

[MODULE 1]

1. Unterstreiche die Verben im Conditionnel présent und begründe deren Gebrauch: *Wunsch (1), Vermutung (2), Ratschlag (3), Möglichkeit (4), höfliche Bitte (5)*? (§ 26)

Bsp.: Je **prendrais** bien une glace. **(1)**

a) Nous regarderions moins la télé si nos devoirs étaient moins nuls! ____

b) Pourriez-vous me donner l'heure, s'il vous plaît? ____

c) Plus tard, mes frères aimeraient devenir pompiers. ____

d) On pourrait aider la gendarmerie à trouver les gens qui ont mis le feu à la forêt. ____

e) A ta place, je ne parlerais pas pendant le cours de madame Fritz! ____

f) Tu serais plus heureux si tu étais à la plage. ____

2. *Si* oder *quand*? (§ 28)

a) ________ il pleuvait plus souvent, il n'y aurait pas beaucoup de feux de forêt.

b) ________ les pompiers travaillent, ils ont très chaud.

c) ________ la forêt continue à brûler, il n'y aura plus de terrain de camping.

d) ________ il y a un incendie à l'école, il faut sortir de la classe rapidement.

e) ________ il y a un incendie à l'école, les élèves doivent sortir rapidement de la classe.

f) ________ les gens font attention, il y a moins d'incendies.

3. Bilde Bedingungssätze. Erinnere dich an die korrekte Verwendung der Zeiten/des Modus. (§ 27)

a) Jonathan et moi (ne pas passer) ______________________

________ notre bac si nous (ne pas travailler)

__________________________ plus fort!

b) Si Delphine (m'aimer) ____________________________,

je (être) ____________________________ le garçon le plus heureux du collège!

c) Si nous (finir) __________________________

la leçon en silence, madame Fritz (ne pas nous donner)

__________________________ de devoirs!

d) Vous (vendre) __________________________ votre vieille

Peugeot si vous (acheter) __________________________

une nouvelle voiture.

e) Si monsieur et madame Ferri (avoir) __________________

________ 20 ans, ils (faire) __________________________

un gros voyage chaque été.

f) Si tu (devenir) __________________________ pompier,

tu (travailler) __________________________ beaucoup l'été.

4. Bilde vollständige Sätze und bringe das Verb in die richtige Zeit/den richtigen Modus. (§ 25)

a) brûler longtemps/ne pas être rapides./La forêt/ si les pompiers

____

b) ne pas avoir d'école./aller à la plage/si nous/Nous

____

c) le quitter./Si Jonathan/continuer comme ça,/je

____

d) lui donner/Si madame Bricault/elle/trouver le jeune garçon,/un cadeau.

____

5. ***arrêter, détruire, brûler, sauver, casser, jeter.***
Bringe das passende Verb in die gewünschte Form und finde die zusammengehörigen Satzteile.

a)	Les incendies (Futur simple)	______________	deux jeunes enfants.
b)	Les enfants (Passé composé)	______________	leurs cigarettes dans la forêt.
c)	Le garçon (Passé composé)	______________	la personne qui a fumé dans la forêt.
d)	Les flammes (Passé composé)	______________	des maisons et des voitures.
e)	Les policiers (Futur simple)	______________	la fenêtre pour sortir.
f)	Les gens (Präsens)	______________	les forêts.

Die Lösungen zu den Übungen findest du auf Seite 96.

Texte: Hambourg–Marseille.com		N°
venir chercher qn [vəniʀʃɛʀʃe]	jdn. abholen (kommen)	**8, 1a**
fêter qc [fete]	etw. feiern	**1a**
conduire qn à bon port [kɔ̃dɥiʀ … abɔ̃pɔʀ]	jdn. in den sicheren Hafen führen	**31**
terminer qc [tɛʀmine]	etw. beenden, etw. fertigstellen	**1a**
se connecter [səkɔnɛkte]	sich einloggen	**1a**
se planter *(fam.)* [səplɑ̃te]	abstürzen *(ugs.)*	**1a**
essayer qc [eseje]	etw. versuchen, etw. ausprobieren, etw. anprobieren	**1g**
photographier qn/qc [fɔtɔgʀafje]	jdn./etw. fotografieren	**1a**
cliquer sur qc [klike]	auf etw. klicken	**1a**

! Nach *être d'avis que, croire que, trouver que* und *espérer que* steht der Indikativ und nicht der Subjonctif.

TIPP Lege dir für den Gebrauch des Subjonctif eine Art Checkliste an:

- Es handelt sich um einen Nebensatz, der durch **que** eingeleitet wird.
- Der Nebensatz hat ein anderes Subjekt als der Hauptsatz.
- Das Gesagte gibt die Einstellung des Sprechers zum Gesagten wieder.
- Es wird ein Ausdruck der **Notwendigkeit/Forderung**, der persönlichen **Wertungen/subjektiven Empfinden** oder ein Verb, das einen **Wunsch**, eine **Bitte** oder einen **Vorschlag** ausdrückt, verwendet. (§ 31)

[MODULE 2]

1. Konjugiere die Verben im Subjonctif. (§ 30)

	vouloir	écrire	aller
que je/j'			
que tu			
qu'il/elle/on			
que nous			
que vous			
qu'ils/elles			

2. Finde zu jedem Verb die Präsensform der 3. Person Plural und leite dann davon jeweils die 1. Person Singular des Subjonctif ab. (§ 30)

	Verb	Präsens	Subjonctif
Bsp.:	aimer:	ils aiment	que j'aime
a)	prendre:	______	______
b)	devoir:	______	______
c)	appeler:	______	______
d)	finir:	______	______
e)	voir:	______	______
f)	venir:	______	______

3. Subjonctif oder kein Subjonctif? Bringe die Verben in die richtige Form. (§ 30, § 31)

a) Les filles aimeraient que je (finir) ________________ mon travail rapidement.

b) Il faut que tu (faire) ________________ une affiche pour les correspondants.

c) Madame Berger veut qu'on (avoir) ________________ des correspondants français.

d) Je crois que toi et Laure (aimer) ________________ nos correspondants.

e) Laure trouve que les merguez (être) ________________ excellentes!

f) Il est important que le site (être) ________________ prêt pour le festival.

4. Gleiche das Passé composé mit *avoir*, wo nötig, an. Unterstreiche jeweils das direkte Objekt. (§ 33)

a) C'est la lettre que j'ai (écrire) ________________.

b) Ce sont les enfants qu'elle a (avoir) ________________.

c) C'est le sandwich qu'il a (manger) ________________.

d) Ce sont les photos qu'ils ont (prendre) ________________.

e) Ce sont les bateaux qu'ils ont (voir) ________________.

f) C'est l'histoire que nous avons (croire) ________________.

5. **Konjugiere die Verben im Passé composé. Begründe deine Entscheidung für oder gegen die Angleichung des Passé composé:** ***Passé composé mit être (1), Passé composé mit avoir und direktem Objekt vor dem Verb (2), Passé composé mit avoir und direktem Objekt nach dem Verb (3).*** (§ 33)

a) Quand Alexandre est arrivé, je lui (montrer) ____________________ les photos. (__)

b) Vous (aller) ____________________ tout de suite au collège. (__)

c) Elodie (aimer) ____________________ la journée en bateau. (__)

d) Nous avons perdu la lettre que nos correspondants nous (écrire) ____________________! (__)

e) Tu étais content de l'affiche que tu (terminer) ____________________. (__)

f) J'(voir) ____________________ les calanques et les plages. (__)

g) Farid et Laure ____________________ (s'excuser). (__)

h) Toute la classe (trouver) ____________________ les correspondants de l'Allemagne sympas. (__)

Die Lösungen zu den Übungen findest du auf Seite 96/97.

[MODULE 3]

Entrée: Le tour du monde francophone

garder qc [gaʀde]	etw. bewachen; *(hier)* etw. bewahren	**1a**

Texte: La dictée des Amériques

conduire qn/qc [kõdɥiʀ]	jdn./etw. fahren; *(hier)* jdn. bringen	**31**
profiter de qn/qc [pʀofite]	jdn./etw. (aus)nutzen	**1a**
participer à qc [paʀtisipe]	an etw. teilnehmen	**1a**
représenter qn/qc [ʀəpʀesɑ̃te]	jdn./etw. vertreten	**1a**
Dis donc! *(fam.)* [didõk]	Sag bloß! *(ugs.)*	**18**

Pratique

2	**s'intéresser** à qc [sɛ̃teʀɛse]	sich für etw. interessieren	**1a**

Das ***Passé simple*** hat die gleiche Funktion wie das ***Passé composé*** und kommt hauptsächlich in literarischen Texten oder in der Presse vor. Du musst es zwar nicht selbst bilden können, solltest aber die häufigsten Formen erkennen. (§ 35)

[MODULE 3]

1. Unterstreiche im folgenden Text die 3 Verbformen, die im Passé simple stehen, und bestimme sie. (§ 35)

Bsp.: Il entra dans la classe.
→ **il entra: 3. Person Singular von *entrer***

Il était une fois un garçon du Québec qui s'appelait Bastien. Il voulait apprendre l'anglais alors il partit aux Etats-Unis. Il fit des études à New York. Après un an, ses parents le visitèrent. Surprise! Bastien parlait parfaitement l'anglais!

a) ______________________________

b) ______________________________

c) ______________________________

2. Wiederholung: Bestimme die Zeit der Verben und forme diese dann in die gewünschte Zeit um.

Bsp.: j'avais aimé:	Plus-que-parfait	Futur simple:	j'aimerai
a) il vint:	__________	Futur simple:	__________
b) ils partirent:	__________	Cond. prés.:	__________
c) je serais:	__________	Imparfait:	__________
d) il eut:	__________	Passé comp.:	__________
e) tu puisses:	__________	Plus-que-par.:	__________
f) vous alliez:	__________	Cond. prés.:	__________
g) nous courons:	__________	Futur simple:	__________
h) ils firent:	__________	Subjonctif:	__________

3. Wiederholung: Kreuze die richtige Verbform an.

a)	Cette année, Bastien	☐ participait ☐ avait participé ☐ a participé	à la dictée des Amériques.
b)	Si je gagnais la dictée, je	☐ serai ☐ serais ☐ suis	célèbre.
c)	Il faut que vous	☐ preniez ☐ prenez ☐ prendrez	l'avion pour Montréal.
d)	L'année prochaine, nous	☐ allons ☐ irions ☐ irons	au Canada.

4. Wiederholung: Finde die 9 Fehler in Daniels E-Mail und korrigiere sie.

de: Daniel
à: Emilie

Salut Emilie,

Comment ça va? Ici c'est super, mais je trouve qu'il fasse très froid. J'ai rencontrés des gens sympas, Bastien et Aminata. Hier, nous nous sommes promené dans la ville souterraine de Montréal! Si on serait en été, on pouvait voir des baleines. Je reviens peut-être l'été prochain pour visiter la Gaspésie. Il faut que tu saves: Bastien aime beaucoup les filles françaises! Tu pourais venir toi aussi! Maintenant, il faut que j'alle me préparer pour la dictée.

Bises du Canada,
Daniel

Die Lösungen zu den Übungen findest du auf Seite 97.

1 Die Verben auf *-er*: *-e, -es, -e, -ons, -ez, -ent*

1a	**regarder** (betrachten)					I § 12
Präsens		**Passé composé**			**Imperativ**	
je	regard**e**	j'	ai	regardé	regarde	
tu	regard**es**	tu	as	regardé	regardons	
il/elle/on	regard**e**	il/elle/on	a	regardé	regardez	
nous	regard**ons**	nous	avons	regardé	**Participe passé**	
vous	regard**ez**	vous	avez	regardé	regardé, regardée,	
ils/elles	regard**ent**	ils/elles	ont	regardé	regardés, regardées	
Imparfait		**Plus-que-parfait**			**[Passé simple]**	
je	regard**ais**	j'	avais	regardé	je	regard**ai**
tu	regard**ais**	tu	avais	regardé	tu	regard**as**
il/elle/on	regard**ait**	il/elle/on	avait	regardé	il/elle/on	regard**a**
nous	regard**ions**	nous	avions	regardé	nous	regard**âmes**
vous	regard**iez**	vous	aviez	regardé	vous	regard**âtes**
ils/elles	regard**aient**	ils/elles	avaient	regardé	ils/elles	regard**èrent**
Futur simple		**[Conditionnel présent]**			**[Subjonctif présent]**	
je	regarder**ai**	je	regarder**ais**		je	regard**e**
tu	regarder**as**	tu	regarder**ais**		tu	regard**es**
il/elle/on	regarder**a**	il/elle/on	regarder**ait**		il/elle/on	regard**e**
nous	regarder**ons**	nous	regarder**ions**		nous	regard**ions**
vous	regarder**ez**	vous	regarder**iez**		vous	regard**iez**
ils/elles	regarder**ont**	ils/elles	regarder**aient**		ils/elles	regard**ent**

Ebenso: alle regelmäßigen Verben auf *-er*. **Passé composé** mit **être**: **arriver** (ankommen), **entrer** (eintreten), **monter** (ein-/hinaufsteigen), **passer** (im Sinne von: vorbeigehen/-fahren/-kommen), **tomber** (fallen), **rentrer** (zurückkehren), **rester** (bleiben), **[retourner]** (zurückkehren).

VERBTABELLEN

Reflexive Verben

1a* **se cacher** (sich verstecken) — II § 46, [47]; III § 14

Präsens

je	**me**	cache
tu	**te**	caches
il/elle/on	**se**	cache
nous	**nous**	cachons
vous	**vous**	cachez
ils/elles	**se**	cachent

Passé composé

je	**me**	**suis**	caché(e)
tu	**t'**	**es**	caché(e)
il/elle/on	**s'**	**est**	caché(e)
nous	**nous**	**sommes**	caché(e)s
vous	**vous**	**êtes**	caché(e)s
ils/elles	**se**	**sont**	caché(e)s

Imperativ

cache	– **toi**
cachons	– **nous**
cachez	– **vous**

Participe passé

caché, cachée,
cachés, cachées

Imparfait

je	**me**	cachais
tu	**te**	cachais
il/elle/on	**se**	cachait
nous	**nous**	cachions
vous	**vous**	cachiez
ils/elles	**se**	cachaient

Plus-que-parfait

je	**m'**	**étais**	caché(e)
tu	**t'**	**étais**	caché(e)
il/elle/on	**s'**	**était**	caché(e)
nous	**nous**	**étions**	caché(e)s
vous	**vous**	**étiez**	caché(e)s
ils/elles	**s'**	**étaient**	caché(e)s

[Passé simple]

je	**me**	cachai
tu	**te**	cachas
il/elle/on	**se**	cacha
nous	**nous**	cachâmes
vous	**vous**	cachâtes
ils/elles	**se**	cachèrent

Futur simple

je	**me**	cacherai
tu	**te**	cacheras
il/elle/on	**se**	cachera
nous	**nous**	cacherons
vous	**vous**	cacherez
ils/elles	**se**	cacheront

[Conditionnel présent]

je	**me**	cacherais
tu	**te**	cacherais
il/elle/on	**se**	cacherait
nous	**nous**	cacherions
vous	**vous**	cacheriez
ils/elles	**se**	cacheraient

[Subjonctif présent]

je	**me**	cache
tu	**te**	caches
il/elle/on	**se**	cache
nous	**nous**	cachions
vous	**vous**	cachiez
ils/elles	**se**	cachent

Beachte: Die reflexiven Verben bilden das **Passé composé** immer mit **être** (III § 14).

1b	**appeler** (rufen, anrufen)					II § 33
Präsens		**Passé composé**			**Imperativ**	
j'	appelle	j'	ai	appelé	appelle	
tu	appelles	tu	as	appelé	appelons	
il/elle/on	appelle	il/elle/on	a	appelé	appelez	
nous	appelons	nous	avons	appelé	**Participe passé**	
vous	appelez	vous	avez	appelé	appelé, appelée,	
ils/elles	appellent	ils/elles	ont	appelé	appelés, appelées	
Imparfait		**Plus-que-parfait**			**[Passé simple]**	
j'	appelais	j'	avais	appelé	j'	appelai
tu	appelais	tu	avais	appelé	tu	appelas
il/elle/on	appelait	il/elle/on	avait	appelé	il/elle/on	appela
nous	appelions	nous	avions	appelé	nous	appelâmes
vous	appeliez	vous	aviez	appelé	vous	appelâtes
ils/elles	appelaient	ils/elles	avaient	appelé	ils/elles	appelèrent
Futur simple		**[Conditionnel présent]**			**[Subjonctif présent]**	
j'	appellerai	j'	appellerais		j'	appelle
tu	appelleras	tu	appellerais		tu	appelles
il/elle/on	appellera	il/elle/on	appellerait		il/elle/on	appelle
nous	appellerons	nous	appellerions		nous	appelions
vous	appellerez	vous	appelleriez		vous	appeliez
ils/elles	appelleront	ils/elles	appelleraient		ils/elles	appellent

Ebenso: [jeter] (werfen).

1c	**acheter** (kaufen)					II § 44
Präsens		**Passé composé**			**Imperativ**	
j'	achète	j'	ai	acheté	achète	
tu	achètes	tu	as	acheté	achetons	
il/elle/on	achète	il/elle/on	a	acheté	achetez	
nous	achetons	nous	avons	acheté	**Participe passé**	
vous	achetez	vous	avez	acheté	acheté, achetée,	
ils/elles	achètent	ils/elles	ont	acheté	achetés, achetées	
Imparfait		**Plus-que-parfait**			**[Passé simple]**	
j'	achetais	j'	avais	acheté	j'	achetai
tu	achetais	tu	avais	acheté	tu	achetas
il/elle/on	achetait	il/elle/on	avait	acheté	il/elle/on	acheta
nous	achetions	nous	avions	acheté	nous	achetâmes
vous	achetiez	vous	aviez	acheté	vous	achetâtes
ils/elles	achetaient	ils/elles	avaient	acheté	ils/elles	achetèrent
Futur simple		**[Conditionnel présent]**			**[Subjonctif présent]**	
j'	achèterai	j'	achèterais		j'	achète
tu	achèteras	tu	achèterais		tu	achètes
il/elle/on	achètera	il/elle/on	achèterait		il/elle/on	achète
nous	achèterons	nous	achèterions		nous	achetions
vous	achèterez	vous	achèteriez		vous	achetiez
ils/elles	achèteront	ils/elles	achèteraient		ils/elles	achètent

Ebenso: (se*) lever (aufstehen/heben), **se promener*** (spazieren gehen).

1d	**répéter** (wiederholen)					II § 32
Präsens		**Passé composé**			**Imperativ**	
je	répète	j'	ai	répété	répète	
tu	répètes	tu	as	répété	répétons	
il/elle/on	répète	il/elle/on	a	répété	répétez	
nous	répétons	nous	avons	répété	**Participe passé**	
vous	répétez	vous	avez	répété	répété, répétée,	
ils/elles	répètent	ils/elles	ont	répété	répétés, répétées	
Imparfait		**Plus-que-parfait**			**[Passé simple]**	
je	répétais	j'	avais	répété	je	répétai
tu	répétais	tu	avais	répété	tu	répétas
il/elle/on	répétait	il/elle/on	avait	répété	il/elle/on	répéta
nous	répétions	nous	avions	répété	nous	répétâmes
vous	répétiez	vous	aviez	répété	vous	répétâtes
ils/elles	répétaient	ils/elles	avaient	répété	ils/elles	répétèrent
Futur simple		**[Conditionnel présent]**			**[Subjonctif présent]**	
je	répèterai	je	répèterais		je	répète
tu	répèteras	tu	répèterais		tu	répètes
il/elle/on	répètera	il/elle/on	répèterait		il/elle/on	répète
nous	répèterons	nous	répèterions		nous	répètions
vous	répèterez	vous	répèteriez		vous	répètiez
ils/elles	répèteront	ils/elles	répèteraient		ils/elles	répètent

Ebenso: espérer (hoffen), **préférer** (vorziehen). **Beachte:** Bei Verben der Gruppe *répéter* gibt es im *Futur simple* und im *Conditionnel présent* die Schreibweisen *je répèterai / je répèterais* und *je répéterai / je répéterais*.

1e	**commencer** (anfangen)					I §48
Präsens		**Passé composé**			**Imperativ**	
je	commence	j'	ai	commencé	commence	
tu	commences	tu	as	commencé	commençons	
il/elle/on	commence	il/elle/on	a	commencé	commencez	
nous	commençons	nous	avons	commencé	**Participe passé**	
vous	commencez	vous	avez	commencé	commencé, commencée,	
ils/elles	commencent	ils/elles	ont	commencé	commencés, commencées	
Imparfait		**Plus-que-parfait**			**[Passé simple]**	
je	commençais	j'	avais	commencé	je	commençai
tu	commençais	tu	avais	commencé	tu	commenças
il/elle/on	commençait	il/elle/on	avait	commencé	il/elle/on	commença
nous	commencions	nous	avions	commencé	nous	commençâmes
vous	commenciez	vous	aviez	commencé	vous	commençâtes
ils/elles	commençaient	ils/elles	avaient	commencé	ils/elles	commencèrent
Futur simple		**[Conditionnel présent]**			**[Subjonctif présent]**	
je	commencerai	je	commencerais		je	commence
tu	commenceras	tu	commencerais		tu	commences
il/elle/on	commencera	il/elle/on	commencerait		il/elle/on	commence
nous	commencerons	nous	commencerions		nous	commencions
vous	commencerez	vous	commenceriez		vous	commenciez
ils/elles	commenceront	ils/elles	commenceraient		ils/elles	commencent

Ebenso: annoncer (ankündigen), **[avancer]** (vorankommen).

1f	**manger** (essen)					I § 30
Präsens		**Passé composé**			**Imperativ**	
je	mange	j'	ai	mangé	mange	
tu	manges	tu	as	mangé	mangeons	
il/elle/on	mange	il/elle/on	a	mangé	mangez	
nous	mangeons	nous	avons	mangé	**Participe passé**	
vous	mangez	vous	avez	mangé	mangé, mangée,	
ils/elles	mangent	ils/elles	ont	mangé	mangés, mangées	
Imparfait		**Plus-que-parfait**			**[Passé simple]**	
je	mangeais	j'	avais	mangé	je	mangeai
tu	mangeais	tu	avais	mangé	tu	mangeas
il/elle/on	mangeait	il/elle/on	avait	mangé	il/elle/on	mangea
nous	mangions	nous	avions	mangé	nous	mangeâmes
vous	mangiez	vous	aviez	mangé	vous	mangeâtes
ils/elles	mangeaient	ils/elles	avaient	mangé	ils/elles	mangèrent
Futur simple		**[Conditionnel présent]**			**[Subjonctif présent]**	
je	mangerai	je	mangerais		je	mange
tu	mangeras	tu	mangerais		tu	manges
il/elle/on	mangera	il/elle/on	mangerait		il/elle/on	mange
nous	mangerons	nous	mangerions		nous	mangions
vous	mangerez	vous	mangeriez		vous	mangiez
ils/elles	mangeront	ils/elles	mangeraient		ils/elles	mangent

Ebenso: bouger (sich bewegen), **changer** (wechseln, umsteigen), **déménager** (umziehen), **[interroger]** (befragen), **[mélanger]** (mischen), **ranger** (aufräumen), **s'allonger*** (sich hinlegen), **voyager** (reisen).

1g	**payer** (bezahlen)					I §44
Präsens		**Passé composé**			**Imperativ**	
je	paie	j’	ai	payé	paie	
tu	paies	tu	as	payé	payons	
il/elle/on	paie	il/elle/on	a	payé	payez	
nous	payons	nous	avons	payé	**Participe passé**	
vous	payez	vous	avez	payé	payé, payée,	
ils/elles	paient	ils/elles	ont	payé	payés, payées	
Imparfait		**Plus-que-parfait**			**[Passé simple]**	
je	payais	j’	avais	payé	je	payai
tu	payais	tu	avais	payé	tu	payas
il/elle/on	payait	il/elle/on	avait	payé	il/elle/on	paya
nous	payions	nous	avions	payé	nous	payâmes
vous	payiez	vous	aviez	payé	vous	payâtes
ils/elles	payaient	ils/elles	avaient	payé	ils/elles	payèrent
Futur simple		**[Conditionnel présent]**			**[Subjonctif présent]**	
je	paierai	je	paierais		je	paie
tu	paieras	tu	paierais		tu	paies
il/elle/on	paiera	il/elle/on	paierait		il/elle/on	paie
nous	paierons	nous	paierions		nous	payions
vous	paierez	vous	paieriez		vous	payiez
ils/elles	paieront	ils/elles	paieraient		ils/elles	paient

Ebenso: [appuyer] (drücken), **[essayer]** (versuchen).

2 Die Verben auf *-dre*: *-s, -s, -d, -ons, -ez, -ent*

2	**attendre** (warten)					I § 41
Präsens		**Passé composé**			**Imperativ**	
j'	attend**s**	j'	ai	attendu	attends	
tu	attend**s**	tu	as	attendu	attendons	
il/elle/on	atten**d**	il/elle/on	a	attendu	attendez	
nous	attend**ons**	nous	avons	attendu	**Participe passé**	
vous	attend**ez**	vous	avez	attendu	attendu, attendue,	
ils/elles	attend**ent**	ils/elles	ont	attendu	attendus, attendues	
Imparfait		**Plus-que-parfait**			**[Passé simple]**	
j'	attendais	j'	avais	attendu	j'	attendis
tu	attendais	tu	avais	attendu	tu	attendis
il/elle/on	attendait	il/elle/on	avait	attendu	il/elle/on	attendit
nous	attendions	nous	avions	attendu	nous	attendîmes
vous	attendiez	vous	aviez	attendu	vous	attendîtes
ils/elles	attendaient	ils/elles	avaient	attendu	ils/elles	attendirent
Futur simple		**[Conditionnel présent]**			**[Subjonctif présent]**	
j'	attendrai	j'	attendrais		j'	attende
tu	attendras	tu	attendrais		tu	attendes
il/elle/on	attendra	il/elle/on	attendrait		il/elle/on	attende
nous	attendrons	nous	attendrions		nous	attendions
vous	attendrez	vous	attendriez		vous	attendiez
ils/elles	attendront	ils/elles	attendraient		ils/elles	attendent

Ebenso: descendre* (hinuntergehen), **entendre** (hören), **répondre** (antworten), **perdre** (verlieren), **vendre** (verkaufen).

3 Die Verben auf *-ir* (Gruppe *dormir*): *-s, -s, -t, -ons, -ez, -ent*

3a	**dormir** (schlafen)					<I §51>; II §3
Präsens		**Passé composé**			**Imperativ**	
je	dor**s**	j'	ai	dormi	dors	
tu	dor**s**	tu	as	dormi	dormons	
il/elle/on	dor**t**	il/elle/on	a	dormi	dormez	
nous	dorm**ons**	nous	avons	dormi	**Participe passé**	
vous	dorm**ez**	vous	avez	dormi	dormi, –,	
ils/elles	dorm**ent**	ils/elles	ont	dormi	–, –	
Imparfait		**Plus-que-parfait**			**[Passé simple]**	
je	dormais	j'	avais	dormi	je	dormis
tu	dormais	tu	avais	dormi	tu	dormis
il/elle/on	dormait	il/elle/on	avait	dormi	il/elle/on	dormit
nous	dormions	nous	avions	dormi	nous	dormîmes
vous	dormiez	vous	aviez	dormi	vous	dormîtes
ils/elles	dormaient	ils/elles	avaient	dormi	ils/elles	dormirent
Futur simple		**[Conditionnel présent]**			**[Subjonctif présent]**	
je	dormirai	je	dormirais		je	dorme
tu	dormiras	tu	dormirais		tu	dormes
il/elle/on	dormira	il/elle/on	dormirait		il/elle/on	dorme
nous	dormirons	nous	dormirions		nous	dormions
vous	dormirez	vous	dormiriez		vous	dormiez
ils/elles	dormiront	ils/elles	dormiraient		ils/elles	dorment

Ebenso: partir* (weggehen/-fahren), **repartir*** (wieder weggehen, wieder wegfahren), **sortir*** (ausgehen), **(se*) sentir** (sich) fühlen, **s'endormir*** (einschlafen).

3b	**finir** (beenden)					II § 25
Präsens		**Passé composé**			**Imperativ**	
je	fini**s**	j’	ai	fini	finis	
tu	fini**s**	tu	as	fini	finissons	
il/elle/on	fini**t**	il/elle/on	a	fini	finissez	
nous	finiss**ons**	nous	avons	fini	**Participe passé**	
vous	finiss**ez**	vous	avez	fini	fini, finie,	
ils/elles	finiss**ent**	ils/elles	ont	fini	finis, finies	
Imparfait		**Plus-que-parfait**			**[Passé simple]**	
je	finissais	j’	avais	fini	je	finis
tu	finissais	tu	avais	fini	tu	finis
il/elle/on	finissait	il/elle/on	avait	fini	il/elle/on	finit
nous	finissions	nous	avions	fini	nous	finîmes
vous	finissiez	vous	aviez	fini	vous	finîtes
ils/elles	finissaient	ils/elles	avaient	fini	ils/elles	finirent
Futur simple		**[Conditionnel présent]**			**[Subjonctif présent]**	
je	finirai	je	finirais		je	finisse
tu	finiras	tu	finirais		tu	finisses
il/elle/on	finira	il/elle/on	finirait		il/elle/on	finisse
nous	finirons	nous	finirions		nous	finissions
vous	finirez	vous	finiriez		vous	finissiez
ils/elles	finiront	ils/elles	finiraient		ils/elles	finissent

Ebenso: applaudir (Beifall klatschen), **choisir** (auswählen), **réfléchir** (gelingen), **[réagir]** (reagieren), **réussir** (gelingen).

Unregelmäßige Verben

4	**être** (sein)						I § 13
Präsens		**Passé composé**				**Imperativ**	
je	suis	j'	ai	été		sois	
tu	es	tu	as	été		soyons	
il/elle/on	est	il/elle/on	a	été		soyez	
nous	sommes	nous	avons	été		**Participe passé**	
vous	êtes	vous	avez	été		été, –,	
ils/elles	sont	ils/elles	ont	été		–, –	
Imparfait		**Plus-que-parfait**				**[Passé simple]**	
j'	étais	j'	avais	été		je	fus
tu	étais	tu	avais	été		tu	fus
il/elle/on	était	il/elle/on	avait	été		il/elle/on	fut
nous	étions	nous	avions	été		nous	fûmes
vous	étiez	vous	aviez	été		vous	fûtes
ils/elles	étaient	ils/elles	avaient	été		ils/elles	furent
Futur simple		**[Conditionnel présent]**				**[Subjonctif présent]**	
je	serai	je	serais			je	sois
tu	seras	tu	serais			tu	sois
il/elle/on	sera	il/elle/on	serait			il/elle/on	soit
nous	serons	nous	serions			nous	soyons
vous	serez	vous	seriez			vous	soyez
ils/elles	seront	ils/elles	seraient			ils/elles	soient

5	**avoir** (haben)					I § 18
Präsens		**Passé composé**			**Imperativ**	
j'	ai	j'	ai	eu	aie	
tu	as	tu	as	eu	ayons	
il/elle/on	a	il/elle/on	a	eu	ayez	
nous	avons	nous	avons	eu	**Participe passé**	
vous	avez	vous	avez	eu	eu, eue,	
ils/elles	ont	ils/elles	ont	eu	eus, eues	
Imparfait		**Plus-que-parfait**			**[Passé simple]**	
j'	avais	j'	avais	eu	j'	eus
tu	avais	tu	avais	eu	tu	eus
il/elle/on	avait	il/elle/on	avait	eu	il/elle/on	eut
nous	avions	nous	avions	eu	nous	eûmes
vous	aviez	vous	aviez	eu	vous	eûtes
ils/elles	avaient	ils/elles	avaient	eu	ils/elles	eurent
Futur simple		**[Conditionnel présent]**			**[Subjonctif présent]**	
j'	aurai	j'	aurais		j'	aie
tu	auras	tu	aurais		tu	aies
il/elle/on	aura	il/elle/on	aurait		il/elle/on	ait
nous	aurons	nous	aurions		nous	ayons
vous	aurez	vous	auriez		vous	ayez
ils/elles	auront	ils/elles	auraient		ils/elles	aient

6	**faire** (machen)					I § 16
Präsens		**Passé composé**			**Imperativ**	
je	fais	j’	ai	fait	fais	
tu	fais	tu	as	fait	faisons	
il/elle/on	fait	il/elle/on	a	fait	faites	
nous	faisons	nous	avons	fait	**Participe passé**	
vous	faites	vous	avez	fait	fait, faite,	
ils/elles	font	ils/elles	ont	fait	faits, faites	
Imparfait		**Plus-que-parfait**			**[Passé simple]**	
je	faisais	j’	avais	fait	je	fis
tu	faisais	tu	avais	fait	tu	fis
il/elle/on	faisait	il/elle/on	avait	fait	il/elle/on	fit
nous	faisions	nous	avions	fait	nous	fîmes
vous	faisiez	vous	aviez	fait	vous	fîtes
ils/elles	faisaient	ils/elles	avaient	fait	ils/elles	firent
Futur simple		**[Conditionnel présent]**			**[Subjonctif présent]**	
je	ferai	je	ferais		je	fasse
tu	feras	tu	ferais		tu	fasses
il/elle/on	fera	il/elle/on	ferait		il/elle/on	fasse
nous	ferons	nous	ferions		nous	fassions
vous	ferez	vous	feriez		vous	fassiez
ils/elles	feront	ils/elles	feraient		ils/elles	fassent

Ebenso: refaire (erneuern, neu machen).

7	**aller** (gehen)						I § 21
Präsens		**Passé composé**			**Imperativ**		
je	vais	je	suis	allé(e)	va		
tu	vas	tu	es	allé(e)	allons		
il/elle/on	va	il/elle/on	est	allé(e)	allez		
nous	allons	nous	sommes	allé(e)s	**Participe passé**		
vous	allez	vous	êtes	allé(e)s	allé, allée,		
ils/elles	vont	ils/elles	sont	allé(e)s	allés, allées		
Imparfait		**Plus-que-parfait**			**[Passé simple]**		
j'	allais	j'	étais	allé(e)	j'	allai	
tu	allais	tu	étais	allé(e)	tu	allas	
il/elle/on	allait	il/elle/on	était	allé(e)	il/elle/on	alla	
nous	allions	nous	étions	allé(e)s	nous	allâmes	
vous	alliez	vous	étiez	allé(e)s	vous	allâtes	
ils/elles	allaient	ils/elles	étaient	allé(e)s	ils/elles	allèrent	
Futur simple		**[Conditionnel présent]**			**[Subjonctif présent]**		
j'	irai	j'	irais		j'	aille	
tu	iras	tu	irais		tu	ailles	
il/elle/on	ira	il/elle/on	irait		il/elle/on	aille	
nous	irons	nous	irions		nous	allions	
vous	irez	vous	iriez		vous	alliez	
ils/elles	iront	ils/elles	iraient		ils/elles	aillent	

8	venir (kommen)					<I § 56>; II § 6
Präsens		**Passé composé**			**Imperativ**	
je	viens	je	suis	venu(e)	viens	
tu	viens	tu	es	venu(e)	venons	
il/elle/on	vient	il/elle/on	est	venu(e)	venez	
nous	venons	nous	sommes	venu(e)s	**Participe passé**	
vous	venez	vous	êtes	venu(e)s	venu, venue,	
ils/elles	viennent	ils/elles	sont	venu(e)s	venus, venues	
Imparfait		**Plus-que-parfait**			**[Passé simple]**	
je	venais	j'	étais	venu(e)	je	vins
tu	venais	tu	étais	venu(e)	tu	vins
il/elle/on	venait	il/elle/on	était	venu(e)	il/elle/on	vint
nous	venions	nous	étions	venu(e)s	nous	vînmes
vous	veniez	vous	étiez	venu(e)s	vous	vîntes
ils/elles	venaient	ils/elles	étaient	venu(e)s	ils/elles	vinrent
Futur simple		**[Conditionnel présent]**			**[Subjonctif présent]**	
je	viendrai	je	viendrais		je	vienne
tu	viendras	tu	viendrais		tu	viennes
il/elle/on	viendra	il/elle/on	viendrait		il/elle/on	vienne
nous	viendrons	nous	viendrions		nous	venions
vous	viendrez	vous	viendriez		vous	veniez
ils/elles	viendront	ils/elles	viendraient		ils/elles	viennent

Ebenso: <tenir> (halten), **devenir*** (werden), **revenir*** (zurückkommen).

9 plaire (gefallen)						II § 19	
Präsens		**Passé composé**				**[Imperativ]**	
je	plais	j'	ai	plu		plais	
tu	plais	tu	as	plu		plaisons	
il/elle/on	plaît	il/elle/on	a	plu		plaisez	
nous	plaisons	nous	avons	plu		**Participe passé**	
vous	plaisez	vous	avez	plu		plu, –,	
ils/elles	plaisent	ils/elles	ont	plu		–, –	
Imparfait		**Plus-que-parfait**				**[Passé simple]**	
je	plaisais	j'	avais	plu		je	plus
tu	plaisais	tu	avais	plu		tu	plus
il/elle/on	plaisait	il/elle/on	avait	plu		il/elle/on	plut
nous	plaisions	nous	avions	plu		nous	plûmes
vous	plaisiez	vous	aviez	plu		vous	plûtes
ils/elles	plaisaient	ils/elles	avaient	plu		ils/elles	plurent
Futur simple		**[Conditionnel présent]**				**[Subjonctif présent]**	
je	plairai	je	plairais			je	plaise
tu	plairas	tu	plairais			tu	plaises
il/elle/on	plaira	il/elle/on	plairait			il/elle/on	plaise
nous	plairons	nous	plairions			nous	plaisions
vous	plairez	vous	plairiez			vous	plaisiez
ils/elles	plairont	ils/elles	plairaient			ils/elles	plaisent

10 pouvoir (können) — I § 31

Präsens		Passé composé			Imperativ	
je	peux	j'	ai	pu	–	
tu	peux	tu	as	pu		
il/elle/on	peut	il/elle/on	a	pu		
nous	pouvons	nous	avons	pu	**Participe passé**	
vous	pouvez	vous	avez	pu	pu, –,	
ils/elles	peuvent	ils/elles	ont	pu	–, –	

Imparfait		Plus-que-parfait			[Passé simple]	
je	pouvais	j'	avais	pu	je	pus
tu	pouvais	tu	avais	pu	tu	pus
il/elle/on	pouvait	il/elle/on	avait	pu	il/elle/on	put
nous	pouvions	nous	avions	pu	nous	pûmes
vous	pouviez	vous	aviez	pu	vous	pûtes
ils/elles	pouvaient	ils/elles	avaient	pu	ils/elles	purent

Futur simple		[Conditionnel présent]		[Subjonctif présent]	
je	pourrai	je	pourrais	je	puisse
tu	pourras	tu	pourrais	tu	puisses
il/elle/on	pourra	il/elle/on	pourrait	il/elle/on	puisse
nous	pourrons	nous	pourrions	nous	puissions
vous	pourrez	vous	pourriez	vous	puissiez
ils/elles	pourront	ils/elles	pourraient	ils/elles	puissent

11	**savoir** (wissen)					I § 31
Präsens		**Passé composé**			**Imperativ**	
je	sais	j'	ai	su	sache	
tu	sais	tu	as	su	sachons	
il/elle/on	sait	il/elle/on	a	su	sachez	
nous	savons	nous	avons	su	**Participe passé**	
vous	savez	vous	avez	su	su, sue,	
ils/elles	savent	ils/elles	ont	su	sus, sues	
Imparfait		**Plus-que-parfait**			**[Passé simple]**	
je	savais	j'	avais	su	je	sus
tu	savais	tu	avais	su	tu	sus
il/elle/on	savait	il/elle/on	avait	su	il/elle/on	sut
nous	savions	nous	avions	su	nous	sûmes
vous	saviez	vous	aviez	su	vous	sûtes
ils/elles	savaient	ils/elles	avaient	su	ils/elles	surent
Futur simple		**[Conditionnel présent]**			**[Subjonctif présent]**	
je	saurai	je	saurais		je	sache
tu	sauras	tu	saurais		tu	saches
il/elle/on	saura	il/elle/on	saurait		il/elle/on	sache
nous	saurons	nous	saurions		nous	sachions
vous	saurez	vous	sauriez		vous	sachiez
ils/elles	sauront	ils/elles	sauraient		ils/elles	sachent

12	**vouloir** (wollen)					I § 31
Präsens		**Passé composé**			**Imperativ**	
je	veux	j'	ai	voulu	veuille	
tu	veux	tu	as	voulu	–	
il/elle/on	veut	il/elle/on	a	voulu	veuillez	
nous	voulons	nous	avons	voulu	**Participe passé**	
vous	voulez	vous	avez	voulu	voulu, voulue,	
ils/elles	veulent	ils/elles	ont	voulu	voulus, voulues	
Imparfait		**Plus-que-parfait**			**[Passé simple]**	
je	voulais	j'	avais	voulu	je	voulus
tu	voulais	tu	avais	voulu	tu	voulus
il/elle/on	voulait	il/elle/on	avait	voulu	il/elle/on	voulut
nous	voulions	nous	avions	voulu	nous	voulûmes
vous	vouliez	vous	aviez	voulu	vous	voulûtes
ils/elles	voulaient	ils/elles	avaient	voulu	ils/elles	voulurent
Futur simple		**[Conditionnel présent]**			**[Subjonctif présent]**	
je	voudrai	je	voudrais		je	veuille
tu	voudras	tu	voudrais		tu	veuilles
il/elle/on	voudra	il/elle/on	voudrait		il/elle/on	veuille
nous	voudrons	nous	voudrions		nous	voulions
vous	voudrez	vous	voudriez		vous	vouliez
ils/elles	voudront	ils/elles	voudraient		ils/elles	veuillent

13	**prendre** (nehmen)						I § 39
Präsens		**Passé composé**				**Imperativ**	
je	prends	j'	ai	pris		prends	
tu	prends	tu	as	pris		prenons	
il/elle/on	prend	il/elle/on	a	pris		prenez	
nous	prenons	nous	avons	pris		**Participe passé**	
vous	prenez	vous	avez	pris		pris, prise,	
ils/elles	prennent	ils/elles	ont	pris		pris, prises	
Imparfait		**Plus-que-parfait**				**[Passé simple]**	
je	prenais	j'	avais	pris		je	pris
tu	prenais	tu	avais	pris		tu	pris
il/elle/on	prenait	il/elle/on	avait	pris		il/elle/on	prit
nous	prenions	nous	avions	pris		nous	prîmes
vous	preniez	vous	aviez	pris		vous	prîtes
ils/elles	prenaient	ils/elles	avaient	pris		ils/elles	prirent
Futur simple		**[Conditionnel présent]**				**[Subjonctif présent]**	
je	prendrai	je	prendrais			je	prenne
tu	prendras	tu	prendrais			tu	prennes
il/elle/on	prendra	il/elle/on	prendrait			il/elle/on	prenne
nous	prendrons	nous	prendrions			nous	prenions
vous	prendrez	vous	prendriez			vous	preniez
ils/elles	prendront	ils/elles	prendraient			ils/elles	prennent

Ebenso: apprendre (lernen), **comprendre** (verstehen), **[surprendre]** (überraschen).

14 **lire** (lesen) I § 38

Präsens		Passé composé			Imperativ	
je	lis	j’	ai	lu	lis	
tu	lis	tu	as	lu	lisons	
il/elle/on	lit	il/elle/on	a	lu	lisez	
nous	lisons	nous	avons	lu	**Participe passé**	
vous	lisez	vous	avez	lu	lu, lue,	
ils/elles	lisent	ils/elles	ont	lu	lus, lues	

Imparfait		Plus-que-parfait			[Passé simple]	
je	lisais	j’	avais	lu	je	lus
tu	lisais	tu	avais	lu	tu	lus
il/elle/on	lisait	il/elle/on	avait	lu	il/elle/on	lut
nous	lisions	nous	avions	lu	nous	lûmes
vous	lisiez	vous	aviez	lu	vous	lûtes
ils/elles	lisaient	ils/elles	avaient	lu	ils/elles	lurent

Futur simple		[Conditionnel présent]		[Subjonctif présent]	
je	lirai	je	lirais	je	lise
tu	liras	tu	lirais	tu	lises
il/elle/on	lira	il/elle/on	lirait	il/elle/on	lise
nous	lirons	nous	lirions	nous	lisions
vous	lirez	vous	liriez	vous	lisiez
ils/elles	liront	ils/elles	liraient	ils/elles	lisent

15 **écrire** (schreiben) — I § 38

Präsens		Passé composé			Imperativ	
j'	écris	j'	ai	écrit	écris	
tu	écris	tu	as	écrit	écrivons	
il/elle/on	écrit	il/elle/on	a	écrit	écrivez	
nous	écrivons	nous	avons	écrit	**Participe passé**	
vous	écrivez	vous	avez	écrit	écrit, écrite,	
ils/elles	écrivent	ils/elles	ont	écrit	écrits, écrites	
Imparfait		**Plus-que-parfait**			**[Passé simple]**	
j'	écrivais	j'	avais	écrit	j'	écrivis
tu	écrivais	tu	avais	écrit	tu	écrivis
il/elle/on	écrivait	il/elle/on	avait	écrit	il/elle/on	écrivit
nous	écrivions	nous	avions	écrit	nous	écrivîmes
vous	écriviez	vous	aviez	écrit	vous	écrivîtes
ils/elles	écrivaient	ils/elles	avaient	écrit	ils/elles	écrivirent
Futur simple		**[Conditionnel présent]**			**[Subjonctif présent]**	
j'	écrirai	j'	écrirais		j'	écrive
tu	écriras	tu	écrirais		tu	écrives
il/elle/on	écrira	il/elle/on	écrirait		il/elle/on	écrive
nous	écrirons	nous	écririons		nous	écrivions
vous	écrirez	vous	écririez		vous	écriviez
ils/elles	écriront	ils/elles	écriraient		ils/elles	écrivent

Ebenso: décrire (beschreiben).

16	**ouvrir** (öffnen)					I § 40
Präsens		**Passé composé**			**Imperativ**	
j'	ouvre	j'	ai	ouvert	ouvre	
tu	ouvres	tu	as	ouvert	ouvrons	
il/elle/on	ouvre	il/elle/on	a	ouvert	ouvrez	
nous	ouvrons	nous	avons	ouvert	**Participe passé**	
vous	ouvrez	vous	avez	ouvert	ouvert, ouverte,	
ils/elles	ouvrent	ils/elles	ont	ouvert	ouverts, ouvertes	
Imparfait		**Plus-que-parfait**			**[Passé simple]**	
j'	ouvrais	j'	avais	ouvert	j'	ouvris
tu	ouvrais	tu	avais	ouvert	tu	ouvris
il/elle/on	ouvrait	il/elle/on	avait	ouvert	il/elle/on	ouvrit
nous	ouvrions	nous	avions	ouvert	nous	ouvrîmes
vous	ouvriez	vous	aviez	ouvert	vous	ouvrîtes
ils/elles	ouvraient	ils/elles	avaient	ouvert	ils/elles	ouvrirent
Futur simple		**[Conditionnel présent]**			**[Subjonctif présent]**	
j'	ouvrirai	j'	ouvrirais		j'	ouvre
tu	ouvriras	tu	ouvrirais		tu	ouvres
il/elle/on	ouvrira	il/elle/on	ouvrirait		il/elle/on	ouvre
nous	ouvrirons	nous	ouvririons		nous	ouvrions
vous	ouvrirez	vous	ouvririez		vous	ouvriez
ils/elles	ouvriront	ils/elles	ouvriraient		ils/elles	ouvrent

Ebenso: découvrir (entdecken), **offrir** (anbieten).

17 **boire** (trinken) I § 35

Präsens		**Passé composé**			**Imperativ**	
je	bois	j'	ai	bu	bois	
tu	bois	tu	as	bu	buvons	
il/elle/on	boit	il/elle/on	a	bu	buvez	
nous	buvons	nous	avons	bu	**Participe passé**	
vous	buvez	vous	avez	bu	bu, bue,	
ils/elles	boivent	ils/elles	ont	bu	bus, bues	
Imparfait		**Plus-que-parfait**			**[Passé simple]**	
je	buvais	j'	avais	bu	je	bus
tu	buvais	tu	avais	bu	tu	bus
il/elle/on	buvait	il/elle/on	avait	bu	il/elle/on	but
nous	buvions	nous	avions	bu	nous	bûmes
vous	buviez	vous	aviez	bu	vous	bûtes
ils/elles	buvaient	ils/elles	avaient	bu	ils/elles	burent
Futur simple		**[Conditionnel présent]**			**[Subjonctif présent]**	
je	boirai	je	boirais		je	boive
tu	boiras	tu	boirais		tu	boives
il/elle/on	boira	il/elle/on	boirait		il/elle/on	boive
nous	boirons	nous	boirions		nous	buvions
vous	boirez	vous	boiriez		vous	buviez
ils/elles	boiront	ils/elles	boiraient		ils/elles	boivent

18 dire (sagen) — I § 43

Präsens		Passé composé			Imperativ	
je	dis	j'	ai	dit	dis	
tu	dis	tu	as	dit	disons	
il/elle/on	dit	il/elle/on	a	dit	dites	
nous	disons	nous	avons	dit	**Participe passé**	
vous	dites	vous	avez	dit	dit, dite,	
ils/elles	disent	ils/elles	ont	dit	dits, dites	
Imparfait		**Plus-que-parfait**			**[Passé simple]**	
je	disais	j'	avais	dit	je	dis
tu	disais	tu	avais	dit	tu	dis
il/elle/on	disait	il/elle/on	avait	dit	il/elle/on	dit
nous	disions	nous	avions	dit	nous	dîmes
vous	disiez	vous	aviez	dit	vous	dîtes
ils/elles	disaient	ils/elles	avaient	dit	ils/elles	dirent
Futur simple		**[Conditionnel présent]**			**[Subjonctif présent]**	
je	dirai	je	dirais		je	dise
tu	diras	tu	dirais		tu	dises
il/elle/on	dira	il/elle/on	dirait		il/elle/on	dise
nous	dirons	nous	dirions		nous	disions
vous	direz	vous	diriez		vous	disiez
ils/elles	diront	ils/elles	diraient		ils/elles	disent

Ebenso: interdire (verbieten). Beachte die Abweichung in der 2. Person Plural Präsens: **vous interdisez** bzw. in der entsprechenden Imperativform: **interdisez**.

19	**mettre** (setzen, stellen, legen)				<I § 58>; II § 4	
Präsens		**Passé composé**			**Imperativ**	
je	mets	j’	ai	mis	mets	
tu	mets	tu	as	mis	mettons	
il/elle/on	met	il/elle/on	a	mis	mettez	
nous	mettons	nous	avons	mis	**Participe passé**	
vous	mettez	vous	avez	mis	mis, mise,	
ils/elles	mettent	ils/elles	ont	mis	mis, mises	
Imparfait		**Plus-que-parfait**			**[Passé simple]**	
je	mettais	j’	avais	mis	je	mis
tu	mettais	tu	avais	mis	tu	mis
il/elle/on	mettait	il/elle/on	avait	mis	il/elle/on	mit
nous	mettions	nous	avions	mis	nous	mîmes
vous	mettiez	vous	aviez	mis	vous	mîtes
ils/elles	mettaient	ils/elles	avaient	mis	ils/elles	mirent
Futur simple		**[Conditionnel présent]**			**[Subjonctif présent]**	
je	mettrai	je	mettrais		je	mette
tu	mettras	tu	mettrais		tu	mettes
il/elle/on	mettra	il/elle/on	mettrait		il/elle/on	mette
nous	mettrons	nous	mettrions		nous	mettions
vous	mettrez	vous	mettriez		vous	mettiez
ils/elles	mettront	ils/elles	mettraient		ils/elles	mettent

20	**voir** (sehen)						<I § 57>; II § 5
Präsens		**Passé composé**				**Imperativ**	
je	vois	j'	ai	vu		vois	
tu	vois	tu	as	vu		voyons	
il/elle/on	voit	il/elle/on	a	vu		voyez	
nous	voyons	nous	avons	vu		**Participe passé**	
vous	voyez	vous	avez	vu		vu, vue,	
ils/elles	voient	ils/elles	ont	vu		vus, vues	
Imparfait		**Plus-que-parfait**				**[Passé simple]**	
je	voyais	j'	avais	vu		je	vis
tu	voyais	tu	avais	vu		tu	vis
il/elle/on	voyait	il/elle/on	avait	vu		il/elle/on	vit
nous	voyions	nous	avions	vu		nous	vîmes
vous	voyiez	vous	aviez	vu		vous	vîtes
ils/elles	voyaient	ils/elles	avaient	vu		ils/elles	virent
Futur simple		**[Conditionnel présent]**				**[Subjonctif présent]**	
je	verrai	je	verrais			je	voie
tu	verras	tu	verrais			tu	voies
il/elle/on	verra	il/elle/on	verrait			il/elle/on	voie
nous	verrons	nous	verrions			nous	voyions
vous	verrez	vous	verriez			vous	voyiez
ils/elles	verront	ils/elles	verraient			ils/elles	voient

Ebenso: revoir (wiedersehen).

21 **pleuvoir** (regnen) — Leçon II 1

Präsens

–	–
–	–
il	pleut
–	–
–	–
–	–

Passé composé

–	–	–
–	–	–
il	a	plu
–	–	–
–	–	–
–	–	–

Imperativ

–

Participe passé

plu, –,
–, –

Imparfait

–	–
–	–
il	pleuvait
–	–
–	–
–	–

Plus-que-parfait

–	–	–
–	–	–
il	avait	plu
–	–	–
–	–	–
–	–	–

[Passé simple]

–	–
–	–
il	plut
–	–
–	–
–	–

Futur simple

–	–
–	–
il	pleuvra
–	–
–	–
–	–

[Conditionnel présent]

–	–
–	–
il	pleuvrait
–	–
–	–
–	–

[Subjonctif présent]

–	–
–	–
il	pleuve
–	–
–	–
–	–

22	connaître (kennen)		II § 18

Präsens

je	connais
tu	connais
il/elle/on	connaît
nous	connaissons
vous	connaissez
ils/elles	connaissent

Passé composé

j'	ai	connu
tu	as	connu
il/elle/on	a	connu
nous	avons	connu
vous	avez	connu
ils/elles	ont	connu

[Imperativ]

connais
connaissons
connaissez

Participe passé

connu, connue,
connus, connues

Imparfait

je	connaissais
tu	connaissais
il/elle/on	connaissait
nous	connaissions
vous	connaissiez
ils/elles	connaissaient

Plus-que-parfait

j'	avais	connu
tu	avais	connu
il/elle/on	avait	connu
nous	avions	connu
vous	aviez	connu
ils/elles	avaient	connu

[Passé simple]

je	connus
tu	connus
il/elle/on	connut
nous	connûmes
vous	connûtes
ils/elles	connurent

Futur simple

je	connaîtrai
tu	connaîtras
il/elle/on	connaîtra
nous	connaîtrons
vous	connaîtrez
ils/elles	connaîtront

[Conditionnel présent]

je	connaîtrais
tu	connaîtrais
il/elle/on	connaîtrait
nous	connaîtrions
vous	connaîtriez
ils/elles	connaîtraient

[Subjonctif présent]

je	connaisse
tu	connaisses
il/elle/on	connaisse
nous	connaissions
vous	connaissiez
ils/elles	connaissent

Ebenso: reconnaître (wiedererkennen).

23 **vivre** (leben) II § 17

Präsens

je	vis
tu	vis
il/elle/on	vit
nous	vivons
vous	vivez
ils/elles	vivent

Passé composé

j'	ai	vécu
tu	as	vécu
il/elle/on	a	vécu
nous	avons	vécu
vous	avez	vécu
ils/elles	ont	vécu

Imperativ

vis
vivons
vivez

Participe passé

vécu, vécue,
vécus, vécues

Imparfait

je	vivais
tu	vivais
il/elle/on	vivait
nous	vivions
vous	viviez
ils/elles	vivaient

Plus-que-parfait

j'	avais	vécu
tu	avais	vécu
il/elle/on	avait	vécu
nous	avions	vécu
vous	aviez	vécu
ils/elles	avaient	vécu

[Passé simple]

je	vécus
tu	vécus
il/elle/on	vécut
nous	vécûmes
vous	vécûtes
ils/elles	vécurent

Futur simple

je	vivrai
tu	vivras
il/elle/on	vivra
nous	vivrons
vous	vivrez
ils/elles	vivront

[Conditionnel présent]

je	vivrais
tu	vivrais
il/elle/on	vivrait
nous	vivrions
vous	vivriez
ils/elles	vivraient

[Subjonctif présent]

je	vive
tu	vives
il/elle/on	vive
nous	vivions
vous	viviez
ils/elles	vivent

24 courir (laufen) II § 14

Präsens

je	cours
tu	cours
il/elle/on	court
nous	courons
vous	courez
ils/elles	courent

Passé composé

j'	ai	couru
tu	as	couru
il/elle/on	a	couru
nous	avons	couru
vous	avez	couru
ils/elles	ont	couru

Imperativ

cours
courons
courez

Participe passé

couru, courue,
courus, courues

Imparfait

je	courais
tu	courais
il/elle/on	courait
nous	courions
vous	couriez
ils/elles	couraient

Plus-que-parfait

j'	avais	couru
tu	avais	couru
il/elle/on	avait	couru
nous	avions	couru
vous	aviez	couru
ils/elles	avaient	couru

[Passé simple]

je	courus
tu	courus
il/elle/on	courut
nous	courûmes
vous	courûtes
ils/elles	coururent

Futur simple

je	courrai
tu	courras
il/elle/on	courra
nous	courrons
vous	courrez
ils/elles	courront

[Conditionnel présent]

je	courrais
tu	courrais
il/elle/on	courrait
nous	courrions
vous	courriez
ils/elles	courraient

[Subjonctif présent]

je	coure
tu	coures
il/elle/on	coure
nous	courions
vous	couriez
ils/elles	courent

25 **devoir** (müssen) — II § 12

Präsens		Passé composé			[Imperativ]	
je	dois	j'	ai	dû	dois	
tu	dois	tu	as	dû	devons	
il/elle/on	doit	il/elle/on	a	dû	devez	
nous	devons	nous	avons	dû	**Participe passé**	
vous	devez	vous	avez	dû	dû, dûe,	
ils/elles	doivent	ils/elles	ont	dû	dûs, dûes	

Imparfait		Plus-que-parfait			[Passé simple]	
je	devais	j'	avais	dû	je	dus
tu	devais	tu	avais	dû	tu	dus
il/elle/on	devait	il/elle/on	avait	dû	il/elle/on	dut
nous	devions	nous	avions	dû	nous	dûmes
vous	deviez	vous	aviez	dû	vous	dûtes
ils/elles	devaient	ils/elles	avaient	dû	ils/elles	durent

Futur simple		[Conditionnel présent]		[Subjonctif présent]	
je	devrai	je	devrais	je	doive
tu	devras	tu	devrais	tu	doives
il/elle/on	devra	il/elle/on	devrait	il/elle/on	doive
nous	devrons	nous	devrions	nous	devions
vous	devrez	vous	devriez	vous	deviez
ils/elles	devront	ils/elles	devraient	ils/elles	doivent

26	envoyer (schicken)					Leçon II 2	
Präsens		**Passé composé**				**Imperativ**	
j'	envoie	j'	ai	envoyé		envoie	
tu	envoies	tu	as	envoyé		envoyons	
il/elle/on	envoie	il/elle/on	a	envoyé		envoyez	
nous	envoyons	nous	avons	envoyé		**Participe passé**	
vous	envoyez	vous	avez	envoyé		envoyé, envoyée,	
ils/elles	envoient	ils/elles	ont	envoyé		envoyés, envoyées	
Imparfait		**Plus-que-parfait**				**[Passé simple]**	
j'	envoyais	j'	avais	envoyé		j'	envoyai
tu	envoyais	tu	avais	envoyé		tu	envoyas
il/elle/on	envoyait	il/elle/on	avait	envoyé		il/elle/on	envoya
nous	envoyions	nous	avions	envoyé		nous	envoyâmes
vous	envoyiez	vous	aviez	envoyé		vous	envoyâtes
ils/elles	envoyaient	ils/elles	avaient	envoyé		ils/elles	envoyèrent
Futur simple		**[Conditionnel présent]**				**[Subjonctif présent]**	
j'	enverrai	j'	enverrais			j'	envoie
tu	enverras	tu	enverrais			tu	envoies
il/elle/on	enverra	il/elle/on	enverrait			il/elle/on	envoie
nous	enverrons	nous	enverrions			nous	envoyions
vous	enverrez	vous	enverriez			vous	envoyiez
ils/elles	enverront	ils/elles	enverraient			ils/elles	envoient

27 **recevoir** (empfangen) II § 13

Präsens		Passé composé			Imperativ	
je	reçois	j'	ai	reçu	reçois	
tu	reçois	tu	as	reçu	recevons	
il/elle/on	reçoit	il/elle/on	a	reçu	recevez	
nous	recevons	nous	avons	reçu	**Participe passé**	
vous	recevez	vous	avez	reçu	reçu, reçue,	
ils/elles	reçoivent	ils/elles	ont	reçu	reçus, reçues	
Imparfait		**Plus-que-parfait**			**[Passé simple]**	
je	recevais	j'	avais	reçu	je	reçus
tu	recevais	tu	avais	reçu	tu	reçus
il/elle/on	recevait	il/elle/on	avait	reçu	il/elle/on	reçut
nous	recevions	nous	avions	reçu	nous	reçûmes
vous	receviez	vous	aviez	reçu	vous	reçûtes
ils/elles	recevaient	ils/elles	avaient	reçu	ils/elles	reçurent
Futur simple		**[Conditionnel présent]**			**[Subjonctif présent]**	
je	recevrai	je	recevrais		je	reçoive
tu	recevras	tu	recevrais		tu	reçoives
il/elle/on	recevra	il/elle/on	recevrait		il/elle/on	reçoive
nous	recevrons	nous	recevrions		nous	recevions
vous	recevrez	vous	recevriez		vous	receviez
ils/elles	recevront	ils/elles	recevraient		ils/elles	reçoivent

28 rire (lachen) — II § 27

Präsens	
je	ris
tu	ris
il/elle/on	rit
nous	rions
vous	riez
ils/elles	rient

Passé composé		
j’	ai	ri
tu	as	ri
il/elle/on	a	ri
nous	avons	ri
vous	avez	ri
ils/elles	ont	ri

Imperativ
ris
rions
riez

Participe passé
ri, –,
–, –

Imparfait	
je	riais
tu	riais
il/elle/on	riait
nous	riions
vous	riiez
ils/elles	riaient

Plus-que-parfait		
j’	avais	ri
tu	avais	ri
il/elle/on	avait	ri
nous	avions	ri
vous	aviez	ri
ils/elles	avaient	ri

[Passé simple]	
je	ris
tu	ris
il/elle/on	rit
nous	rîmes
vous	rîtes
ils/elles	rirent

Futur simple	
je	rirai
tu	riras
il/elle/on	rira
nous	rirons
vous	rirez
ils/elles	riront

[Conditionnel présent]	
je	rirais
tu	rirais
il/elle/on	rirait
nous	ririons
vous	ririez
ils/elles	riraient

[Subjonctif présent]	
je	rie
tu	ries
il/elle/on	rie
nous	riions
vous	riiez
ils/elles	rient

29	falloir (brauchen, müssen)				II § 34
Präsens		**Passé composé**			**Imperativ**
–	–	–	–	–	
–	–	–	–	–	–
il	faut	il	a	fallu	
–	–	–	–	–	**Participe passé**
–	–	–	–	–	fallu, –,
–	–	–	–	–	–, –
Imparfait		**Plus-que-parfait**			**[Passé simple]**
–	–	–	–	–	– –
–	–	–	–	–	– –
il	fallait	il	avait	fallu	il fallut
–	–	–	–	–	– –
–	–	–	–	–	– –
–	–	–	–	–	– –
Futur simple		**[Conditionnel présent]**			**[Subjonctif présent]**
–	–	–	–		– –
–	–	–	–		– –
il	faudra	il	faudrait		il faille
–	–	–	–		– –
–	–	–	–		– –
–	–	–	–		– –

30	**croire** (glauben)					II § 39
Präsens		**Passé composé**			**Imperativ**	
je	crois	j’	ai	cru	crois	
tu	crois	tu	as	cru	croyons	
il/elle/on	croit	il/elle/on	a	cru	croyez	
nous	croyons	nous	avons	cru	**Participe passé**	
vous	croyez	vous	avez	cru	cru, crue,	
ils/elles	croient	ils/elles	ont	cru	crus, crues	
Imparfait		**Plus-que-parfait**			**[Passé simple]**	
je	croyais	j’	avais	cru	je	crus
tu	croyais	tu	avais	cru	tu	crus
il/elle/on	croyait	il/elle/on	avait	cru	il/elle/on	crut
nous	croyions	nous	avions	cru	nous	crûmes
vous	croyiez	vous	aviez	cru	vous	crûtes
ils/elles	croyaient	ils/elles	avaient	cru	ils/elles	crurent
Futur simple		**[Conditionnel présent]**			**[Subjonctif présent]**	
je	croirai	je	croirais		je	croie
tu	croiras	tu	croirais		tu	croies
il/elle/on	croira	il/elle/on	croirait		il/elle/on	croie
nous	croirons	nous	croirions		nous	croyions
vous	croirez	vous	croiriez		vous	croyiez
ils/elles	croiront	ils/elles	croiraient		ils/elles	croient

31 conduire (fahren, lenken) II §45

Präsens	
je	conduis
tu	conduis
il/elle/on	conduit
nous	conduisons
vous	conduisez
ils/elles	conduisent

Passé composé		
j’	ai	conduit
tu	as	conduit
il/elle/on	a	conduit
nous	avons	conduit
vous	avez	conduit
ils/elles	ont	conduit

Imperativ
conduis
conduisons
conduisez

Participe passé
conduit, conduite, conduits, conduites

Imparfait	
je	conduisais
tu	conduisais
il/elle/on	conduisait
nous	conduisions
vous	conduisiez
ils/elles	conduisaient

Plus-que-parfait		
j’	avais	conduit
tu	avais	conduit
il/elle/on	avait	conduit
nous	avions	conduit
vous	aviez	conduit
ils/elles	avaient	conduit

[Passé simple]	
je	conduisis
tu	conduisis
il/elle/on	conduisit
nous	conduisîmes
vous	conduisîtes
ils/elles	conduisirent

Futur simple	
je	conduirai
tu	conduiras
il/elle/on	conduira
nous	conduirons
vous	conduirez
ils/elles	conduiront

[Conditionnel présent]	
je	conduirais
tu	conduirais
il/elle/on	conduirait
nous	conduirions
vous	conduiriez
ils/elles	conduiraient

[Subjonctif présent]	
je	conduise
tu	conduises
il/elle/on	conduise
nous	conduisions
vous	conduisiez
ils/elles	conduisent

Ebenso: construire (bauen), **[détruire]** (zerstören).

32 suivre (folgen)					III § 19	
Präsens		**Passé composé**			**Imperativ**	
je	suis	j'	ai	suivi	suis	
tu	suis	tu	as	suivi	suivons	
il/elle/on	suit	il/elle/on	a	suivi	suivez	
nous	suivons	nous	avons	suivi	**Participe passé**	
vous	suivez	vous	avez	suivi	suivi, suivie,	
ils/elles	suivent	ils/elles	ont	suivi	suivis, suivies	
Imparfait		**Plus-que-parfait**			**[Passé simple]**	
je	suivais	j'	avais	suivi	je	suivis
tu	suivais	tu	avais	suivi	tu	suivis
il/elle/on	suivait	il/elle/on	avait	suivi	il/elle/on	suivit
nous	suivions	nous	avions	suivi	nous	suivîmes
vous	suiviez	vous	aviez	suivi	vous	suivîtes
ils/elles	suivaient	ils/elles	avaient	suivi	ils/elles	suivirent
Futur simple		**[Conditionnel présent]**			**[Subjonctif présent]**	
je	suivrai	je	suivrais		je	suive
tu	suivras	tu	suivrais		tu	suives
il/elle/on	suivra	il/elle/on	suivrait		il/elle/on	suive
nous	suivrons	nous	suivrions		nous	suivions
vous	suivrez	vous	suivriez		vous	suiviez
ils/elles	suivront	ils/elles	suivraient		ils/elles	suivent

Ebenso: [poursuivre] (fortfahren).

33 battre (schlagen, besiegen) — Leçon III 5

Präsens

je	bats
tu	bats
il/elle/on	bat
nous	battons
vous	battez
ils/elles	battent

Passé composé

j'	ai	battu
tu	as	battu
il/elle/on	a	battu
nous	avons	battu
vous	avez	battu
ils/elles	ont	battu

Imperativ

bats
battons
battez

Participe passé

battu, battue,
battus, battues

Imparfait

je	battais
tu	battais
il/elle/on	battait
nous	battions
vous	battiez
ils/elles	battaient

Plus-que-parfait

j'	avais	battu
tu	avais	battu
il/elle/on	avait	battu
nous	avions	battu
vous	aviez	battu
ils/elles	avaient	battu

[Passé simple]

je	battis
tu	battis
il/elle/on	battit
nous	battîmes
vous	battîtes
ils/elles	battirent

Futur simple

je	battrai
tu	battras
il/elle/on	battra
nous	battrons
vous	battrez
ils/elles	battront

[Conditionnel présent]

je	battrais
tu	battrais
il/elle/on	battrait
nous	battrions
vous	battriez
ils/elles	battraient

[Subjonctif présent]

je	batte
tu	battes
il/elle/on	batte
nous	battions
vous	battiez
ils/elles	battent

34 <se foutre de qn/qc> (auf jdn./etwas pfeifen)

Präsens

je	m’	en	fous
tu	t’	en	fous
il/elle/on	s’	en	fout
nous	nous	en	foutons
vous	vous	en	foutez
ils/elles	s’	en	foutent

[Passé composé]

j’	m’	en	suis	foutu
tu	t’	en	es	foutu
il/elle/on	s’	en	est	foutu
nous	nous	en	sommes	foutu
vous	vous	en	êtes	foutu
ils/elles	s’	en	sont	foutu

[Imperativ]

fous	– t’		en
foutons	– nous	–	en
foutez	– vous	–	en

[Imparfait]

je	m’	en	foutais
tu	t’	en	foutais
il/elle/on	s’	en	foutait
nous	nous	en	foutions
vous	vous	en	foutiez
ils/elles	s’	en	foutaient

[Plus-que-parfait]

j’	m’	en	étais	foutu
tu	t’	en	étais	foutu
il/elle/on	s’	en	était	foutu
nous	nous	en	étions	foutu
vous	vous	en	étiez	foutu
ils/elles	s’	en	étaient	foutu

[Participe passé]

foutu

[Futur simple]

je	m’	en	foutrai
tu	t’	en	foutras
il/elle/on	s’	en	foutra
nous	nous	en	foutrons
vous	vous	en	foutrez
ils/elles	s’	en	foutront

[Conditionnel présent]

je	m’	en	foutrais
tu	t’	en	foutrais
il/elle/on	s’	en	foutrait
nous	nous	en	foutrions
vous	vous	en	foutriez
ils/elles	s’	en	foutraient

Von dem Verb **se foutre de qn / qc** hast du bisher nur die blau hinterlegte Formen kennen gelernt.
Alle anderen Formen musst du jetzt noch nicht lernen.

35 **s'asseoir** (sich setzen) III §21

Präsens			Passé composé				Imperativ		
je	m'	assois	je	me	suis	assis(e)	assieds	– toi	
tu	t'	assois	tu	t'	es	assis(e)	asseyons	– nous	
il/elle/on	s'	assoit	il/elle/on	s'	est	assis(e)	asseyez	– vous	
nous	nous	asseyons	nous	nous	sommes	assis(e)s	**Participe passé**		
vous	vous	asseyez	vous	vous	êtes	assis(e)s	assis, assise,		
ils/elles	s'	assoient	ils/elles	se	sont	assis(e)s	assis, assises		
Imparfait			**Plus-que-parfait**				**[Passé simple]**		
je	m'	asseyais	je	m'	étais	assis(e)	je	m'	assis
tu	t'	asseyais	tu	t'	étais	assis(e)	tu	t'	assis
il/elle/on	s'	asseyait	il/elle/on	s'	était	assis(e)	il/elle/on	s'	assit
nous	nous	asseyions	nous	nous	étions	assis(e)s	nous	nous	assîmes
vous	vous	asseyiez	vous	vous	étiez	assis(e)s	vous	vous	assîtes
ils/elles	s'	asseyaient	ils/elles	s'	étaient	assis(e)s	ils/elles	s'	assirent
Futur simple			**[Conditionnel présent]**				**[Subjonctif présent]**		
je	m'	assiérai	je	m'	assiérais		je	m'	asseye
tu	t'	assiéras	tu	t'	assiérais		tu	t'	asseyes
il/elle/on	s'	assiéra	il/elle/on	s'	assiérait		il/elle/on	s'	asseye
nous	nous	assiérons	nous	nous	assiérions		nous	nous	asseyions
vous	vous	assiérez	vous	vous	assiériez		vous	vous	asseyiez
ils/elles	s'	assiéront	ils/elles	s'	assiéraient		ils/elles	s'	asseyent

36 mourir (sterben) — III § 20

Präsens		Passé composé			Imperativ	
je	meurs	je	suis	mort(e)	meurs	
tu	meurs	tu	es	mort(e)	mourons	
il/elle/on	meurt	il/elle/on	est	mort(e)	mourez	
nous	mourons	nous	sommes	mort(e)s	**Participe passé**	
vous	mourez	vous	êtes	mort(e)s	mort, morte,	
ils/elles	meurent	ils/elles	sont	mort(e)s	morts, mortes	
Imparfait		**Plus-que-parfait**			**[Passé simple]**	
je	mourais	j'	étais	mort(e)	je	mourus
tu	mourais	tu	étais	mort(e)	tu	mourus
il/elle/on	mourait	il/elle/on	était	mort(e)	il/elle/on	mourut
nous	mourions	nous	étions	mort(e)s	nous	mourûmes
vous	mouriez	vous	étiez	mort(e)s	vous	mourûtes
ils/elles	mouraient	ils/elles	étaient	mort(e)s	ils/elles	moururent
Futur simple		**[Conditionnel présent]**			**[Subjonctif présent]**	
je	mourrai	je	mourrais		je	meure
tu	mourras	tu	mourrais		tu	meures
il/elle/on	mourra	il/elle/on	mourrait		il/elle/on	meure
nous	mourrons	nous	mourrions		nous	mourions
vous	mourrez	vous	mourriez		vous	mouriez
ils/elles	mourront	ils/elles	mourraient		ils/elles	meurent

37 craindre (fürchten) III § 22

Präsens		**Passé composé**			**Imperativ**
je	crains	j'	ai	craint	crains
tu	crains	tu	as	craint	craignons
il/elle/on	craint	il/elle/on	a	craint	craignez
nous	craignons	nous	avons	craint	**Participe passé**
vous	craignez	vous	avez	craint	craint, crainte,
ils/elles	craignent	ils/elles	ont	craint	craints, craintes

Imparfait		**Plus-que-parfait**			**[Passé simple]**	
je	craignais	j'	avais	craint	je	craignis
tu	craignais	tu	avais	craint	tu	craignis
il/elle/on	craignait	il/elle/on	avait	craint	il/elle/on	craignit
nous	craignions	nous	avions	craint	nous	craignîmes
vous	craigniez	vous	aviez	craint	vous	craignîtes
ils/elles	craignaient	ils/elles	avaient	craint	ils/elles	craignirent

Futur simple		**[Conditionnel présent]**		**[Subjonctif présent]**	
je	craindrai	je	craindrais	je	craigne
tu	craindras	tu	craindrais	tu	craignes
il/elle/on	craindra	il/elle/on	craindrait	il/elle/on	craigne
nous	craindrons	nous	craindrions	nous	craignions
vous	craindrez	vous	craindriez	vous	craigniez
ils/elles	craindront	ils/elles	craindraient	ils/elles	craignent

Ebenso: se plaindre* (sich beklagen), **éteindre** (ausmachen, ausschalten), **peindre** (anmalen, streichen).

VERBENLISTE

* Diese Verben bilden das **Passé composé** mit ***être***.
(*)Diese Verben bilden in manchen Bedeutungen das **Passé composé** mit ***être***.

A			N°
accompagner	begleiten	I 8E	**1a**
acheter	kaufen	I 8	**1c**
adorer	sehr gerne mögen	<I 4Z>; II 1	**1a**
adorer faire qc	etw. sehr gern tun	II 4, 12	
aider	helfen	I 6A	**1a**
aimer	lieben/mögen	I 2	**1a**
aimer faire qc	etw. gerne tun	<I 4Z>; I 6B	
aimer mieux qc	etw. lieber mögen	III 3	
ajouter	hinzufügen	II 5	**1a**
aller*	gehen, fahren	I 5E	**7**
aller* au cinéma	ins Kino gehen	I 5E	
aller* chercher qc	etw. holen	I 6B	
aller* chez qn	zu jdm. *(nach Hause)* gehen	I 5E	
aller* faire qc	etw. tun werden	I 6E	
s'allonger*	sich hinlegen, sich ausstrecken	III 1	**1f**
s'amuser*	sich vergnügen, sich amüsieren	II 7B	**1a**
annoncer	ankündigen	II 5	**1e**
appeler	(an)rufen	<I 5>; II 5	**1b**
s'appeler*	heißen	I 1E	
applaudir	Beifall klatschen	II 4	**3b**
apporter	(mit)bringen	II 6E	**1a**
apporter qc à qn	jdm. etw. (mit)bringen	II 6E	
apprendre	lernen	I 6B, 10	**13**
apprendre qc par cœur	etw. auswendig lernen	I 6B, 10	
[appuyer]	drücken	I 8Z	**1g**

VERBENLISTE

arrêter	anhalten, festnehmen	I 5	**1a**
arrêter de faire qc	aufhören, etw. zu tun	II 1,5	
[arrêter qn/qc]	jdn./etw. aufhalten, jdn./etw. stoppen	III M1	
Arrête ton cinéma! *(fam.)*	Hör auf mit dem Theater! *(ugs.)*	III 1	
s'arrêter*	anhalten	III 2	
arriver*	(an)kommen	I 4	**1a**
qc arrive* à qn	etw. geschieht jdm., etw. passiert jdm.	II 7A	
s'asseoir*	sich setzen	III 4	**35**
attacher	(fest)binden	I 4	**1a**
attaquer	angreifen	<II 9>; III 5	**1a**
attendre	warten, erwarten	I 8	**2**
attraper	(ein)fangen, erwischen	I 5	**1a**
[avancer]	vorankommen	<II 8B>; III M1	**1e**
avoir	haben	I 4	**5**
avoir besoin de qc	etw. brauchen	<I 8Z>; II 7A	
avoir besoin de faire qc	etw. tun müssen	<I 8Z>; III 3	
avoir douze ans	zwölf Jahre alt sein	I 4	
avoir envie	Lust haben	I 4	
avoir envie de faire qc	Lust haben, etw. zu tun	I 6B	
avoir faim	Hunger haben	I 8	
avoir horreur de qc	etw. verabscheuen, etw. nicht ausstehen können	II 4	
avoir le coup de foudre pour qn/qc	sich auf den ersten Blick in jdn. verlieben	II 3A	
avoir mal	Schmerzen haben	II 3B	
avoir peur	Angst haben	I 4	
avoir peur de faire qc	Angst haben, etw. zu tun	I 6B	
[avoir raison]	Recht haben	II 9	

avoir rendez-vous	eine Verabredung/ einen Termin haben	I 4, 3	
avoir soif	Durst haben	II 5	
avoir un chat dans la gorge	einen Frosch im Hals haben *(Redensart)*/ einen rauen Hals haben	I 6B	
en avoir marre de qc	von etw. die Nase voll haben *(ugs.)*	II 4	
N'aie pas peur!	Hab keine Angst!	III 5	
avouer	zugeben, gestehen	III 1	**1a**

B

se baigner*	baden	III 1	**1a**
se balader* *(fam.)*	spazieren gehen	III 1	**1a**
battre	schlagen, besiegen	<II 9, 8>; III 5	**33**
[**blesser**]	verletzen	III M1	**1a**
boire	trinken	I 7	**17**
boire à qc	auf etw. trinken/anstoßen	I 7	
bouger	sich bewegen	I 6A	**1f**
bousculer	anrempeln	I 5	**1a**
[**brûler**]	verbrennen	III M1	**1a**

C

cacher	verstecken	II 7B	**1a**
se cacher*	sich verstecken	II 7B	
[**se calmer***]	sich beruhigen	III M1	**1a**
[**capituler**]	sich ergeben, kapitulieren	II 9, 8	**1a**
caresser	streicheln	III 2	**1a**
[**casser**]	kaputt machen	III M1	**1a**
changer	wechseln	I 7	**1f**
changer de qc	etw. wechseln	II 1	
changer de train	umsteigen, den Zug wechseln	I 7E	
chanter	singen	I 7	**1a**
chercher	suchen	I 2E	**1a**
aller* chercher qc	etw. holen	I 6B	

[venir* chercher qn]	jdn. abholen kommen	<I 9B>; III M2	
choisir	wählen, aussuchen	II 4	**3b**
classer	einordnen	II 1, 6	**1a**
[cliquer]	klicken	<II 4, Z>; III M2	**1a**
[cliquer sur qc]	auf etw. klicken	III M2	
coller	(an)kleben	I 2	**1a**
commencer	anfangen	I 8	**1e**
commencer à faire qc	anfangen, etw. zu tun	<II 1Z>; II 2, 3	
commencer par qc	mit etw. beginnen, mit etw. anfangen	III 5, 5	
communiquer avec qn	mit jdm. kommunizieren, Nachrichten austauschen	II 6E	
comprendre	verstehen	I 8	**13**
compter	zählen	I 4, 2	**1a**
conduire	fahren; führen	II 7B	**31**
[conduire qn/qc]	jdn./etw. fahren; *(hier)* jdn. bringen	III M3	
[conduire qn à bon port]	jdn. in den sicheren Hafen führen	III M2	
connaître	kennen	II 3A	**22**
ne rien connaître à qc	nichts von etw. verstehen	II 3A	
[se connecter*]	sich einloggen	III M2	**1a**
consoler	trösten	III 5E	**1a**
construire	bauen	II 7B	**31**
contacter	in Verbindung treten	II 7E	**1a**
continuer	weitermachen, fortfahren	I 8	**1a**
continuer à faire qc	etw. weitermachen; fortfahren, etw. zu tun	II 4	
contrôler	kontrollieren	III 3	**1a**
copier	kopieren, abschreiben	II 6, 6	**1a**
se coucher*	sich schlafen legen, sich hinlegen	III 5	**1a**
couper	schneiden	I 6B	**1a**

courir	laufen, rennen	II 2	**24**
[coûter]	kosten	II 7Z	**1a**
craindre	fürchten	III 5	**37**
crier	schreien	I 4	**1a**
croire	glauben	II 6	**30**

D

danser	tanzen	II 2E	**1a**
débuter	anfangen, Anfänger sein	I 4	**1a**
déclarer	erklären	III 5	**1a**
déclarer qc à qn	jdm. etw. erklären	III 5	
découvrir	entdecken	II 7B	**16**
décrire	beschreiben	II 7A, 5	**15**
demander	fragen	I 6A	**1a**
demander à qn de faire qc	jdn. darum bitten, etwas zu tun	II 4, 6	
demander à qn si	jdn. fragen, ob ...	I 8	
demander pardon à qn	sich bei jdm. entschuldigen	III 1	
demander qc à qn	jdn. etwas fragen	I 6A	
déménager	umziehen	II 1	**1f**
descendre*	hinuntergehen, aussteigen	II 2E	**2**
désirer	wünschen	I 8	**1a**
dessiner	zeichnen	I 2	**1a**
détester	verabscheuen, überhaupt nicht mögen	II 4	**1a**
[détruire]	zerstören	III M1	**31**
devenir*	werden	<II 8A>; III 4	**8**
deviner	erraten	<II 8A, 8>; III 4E	**1a**
devoir	müssen	II 2	**25**
devoir faire qc	etw. tun müssen	II 2	
dire	sagen	I 8	**18**

Ça te dit?	Hast du Lust dazu?/ Sagt dir das zu?	II 3B	
dire à qn que …	jdm. sagen, dass …	I 8	
dire qc à qn	jdm. etw. sagen	I 8	
dire qc dans sa barbe	etw. undeutlich sagen	II 7A	
[Dis donc! *(fam.)*]	Sag bloß! *(ugs.)*	III M3	
discuter	sich unterhalten/ diskutieren	I 3A	**1a**
se disputer*	sich streiten	II 7B	**1a**
se disputer* avec qn	sich mit jdm. streiten	II 7B	
donner	geben	I 6A	**1a**
donner qc à qn	jdm. etw. geben	I 6A	
dormir	schlafen	<I 9A>; II 1	**3a**
draguer *(fam.)*	anbaggern, anmachen *(ugs.)*	III 1	**1a**

E

écouter	zuhören	I 3B	**1a**
écrire	schreiben	I 7	**15**
s'éloigner*	sich entfernen	II 7B	**1a**
embrasser	küssen, umarmen	<I 9A>; II 1E	**1a**
[emporter]	mitnehmen	I 9B	**1a**
s'endormir*	einschlafen	III 3	**3a**
énerver	aufregen	II 2	**1a**
enregistrer	aufnehmen, aufzeichnen	III 4	**1a**
entendre	hören	I 8	**2**
s'entraîner*	trainieren, üben	III 3	**1a**
entrer*	eintreten/betreten/ hereinkommen	I 2	**1a**
entrer* dans qc	eintreten/betreten/ hereinkommen in etw.	I 2	
envoyer	schicken	II 2	**26**
envoyer qc à qn	jdm. etw. schicken	II 2	

espérer	hoffen	<II 9>; III 4	**1d**
[essayer]	versuchen, ausprobieren, anprobieren	III M2	**1g**
éteindre	ausmachen, ausschalten	III 5	**37**
être	sein	I 3A	**4**
C'est le pied! *(fam.)*	Das ist der Hammer! *(ugs.)*	III 2	
C'est notre première télé.	Das ist unser erster Fernsehauftritt.	III 4	
c'est pourquoi	deshalb	III 1	
C'est trop! *(fam.)*	Das gibt's ja nicht! *(ugs.)*	III 4	
être en retard	sich verspäten	II 2	
être en train de faire qc	gerade etw. tun	II 4	
être mort(e)	gestorben sein, tot sein	III 2, 7	
être né(e)	geboren werden	II 5	
qn est désolé	es tut jdm. leid	II 2	
qc est nul/nulle *(fam.)*	etw. ist blöd, bringt's nicht *(ugs.)*	II 2	
éviter	vermeiden	I 7, 17	**1a**
s'excuser*	sich entschuldigen	III 1, 9	**1a**
expliquer	erklären	I 8	**1a**
expliquer qc à qn	jdm. etw. erklären	I 8	
[exploser]	explodieren; *(hier)* ausbrechen	I 8Z	**1a**

F

[fabriquer]	herstellen	II 9E	**1a**
faire	machen	I 4E	**6**
[faire]	*(hier)* messen	III M1	
faire attention	aufpassen/acht geben	I 5	
faire demi-tour	wenden, umdrehen	II 7A, 6	
faire du sport	Sport treiben	I 4E	
faire envie à qn	jdn. neidisch machen	III 2	
faire la tête *(fam.)*	schmollen, sauer sein *(ugs.)*	II 2	

faire les courses *(f.) (pl.)*	einkaufen	II 5E	
faire les magasins *(fam.)*	die Geschäfte abklappern *(ugs.)*	II 3B	
faire peur à qn	jdm. Angst machen	II 5	
faire qc au noir	etw. „schwarz“ machen *(ohne Berechtigung)*	III 3	
il fait beau	es ist schönes Wetter	II 1	
il fait chaud	es ist warm/heiß	<I 9A>; II 1	
il fait trente degrés	es sind 30 Grad	II 1	
sans rien faire	ohne etw. zu tun	II 7B	
falloir	brauchen, müssen	II 5	**29**
il faut faire qc	man muss etw. tun	II 5	
il faut qc	man braucht etw.	II 5	
il faut qc à qn	jd. braucht etw.	II 5	
il faut que	man muss; es ist nötig, dass	II 9	
fermer	schließen	<II 8A>; III 5E	**1a**
[fermer qc à clé]	etw. abschließen	III M1	
[fêter]	feiern	<II 9>; III M2	**1a**
filmer	filmen	III 4	**1a**
finir	beenden	II 4	**3b**
finir par qc	mit. etw. aufhören	III 5, 5	
flasher *(fam.)*	abfahren *(ugs.)*	III 1	**1a**
flasher sur qn *(fam.)*	auf jdn./etw. abfahren *(ugs.)*	III 1	
former	gründen	III 4	**1a**
<foutre>	schnuppe sein *(ugs.)*	II 9, 9	**34**
Je m’en fous*! *(fam.)*	Das ist mir schnuppe! *(ugs.)*	III 3	
[qn se fout* de qc] *(fam.)*	etw. ist jdm. schnuppe *(ugs.)*	<II 9, 9>; III 3	
fumer	rauchen	III 1, 12	**1a**

VERBENLISTE

G

gagner	gewinnen; verdienen	II 6	**1a**
[garder]	bewachen, behalten	<II 8B>; III M3E	**1a**
goûter	probieren, kosten	II 5	**1a**
grimper	klettern	I 4	**1a**

H

habiter	wohnen	I 3E	**1a**
s'habituer*	sich gewöhnen	III 3	**1a**
s'habituer* à qn/qc	sich an jdn./etw. gewöhnen	III 3	
halluciner *(fam.)*	völlig abdrehen *(ugs.)*	III 4	**1a**

I

imaginer	sich (aus)denken	II 1,1	**1a**
imiter	nachahmen	II 3A	**1a**
indiquer	anzeigen, eine Angabe machen	II 4, 5	**1a**
indiquer qc à qn	jdm. etw. anzeigen, jdm. eine Angabe machen	II 4, 5	
installer	aufstellen, installieren	II 6	**1a**
interdire	verbieten	III 1, 9	**18**
interdire à qn de faire qc	jdm. verbieten, etw. zu tun	III 1, 9	
intéresser	interessieren	II 2	**1a**
[s'intéresser* à qc]	sich für etw. interessieren	<II 8A>; III M3, 2	
[interroger]	befragen	II 8Z	**1f**
inventer	erfinden	<II 9E>; III 2, 7	**1a**
inviter	einladen	I 6B, 4	**1a**

J

[jeter]	werfen	III M1	**1b**
jouer	spielen	I 3A	**1a**
jouer à/de	spielen *(Spiel)*/*(Instrument)*	I 7	

VERBENLISTE

L

laisser	(zurück)lassen	III 5	**1a**
[lever]	heben	II 9Z	**1c**
se lever*	aufstehen; sich erheben, (Wind) aufkommen	II 7B	
lire	lesen	I 7	**14**

M

manger	essen	I 6A	**1f**
manquer	fehlen	II 5	**1a**
il manque qc	es fehlt etw.	II 5	
marcher	gehen, laufen; funktionieren	II 2	**1a**
[se marier*]	heiraten	II 9	**1a**
[se marier* avec qn]	jdn. heiraten	II 9	
marquer	markieren/anzeigen; *(hier)* schreiben	I 2	**1a**
[mélanger]	mischen	II 8B	**1f**
mettre	legen, setzen, stellen; anziehen	<I 9B>; II 1	**19**
mettre la table	den Tisch decken	II 1	
mettre qc en relief	etw. hervorheben	II 7A, 4	
monter*	steigen, einsteigen	I 5	**1a**
montrer	zeigen	II 4E	**1a**
montrer qc à qn	jdm. etw. zeigen	II 4E	
se moquer*	sich lustig machen	III 1	**1a**
se moquer* de qn	sich über jdn. lustig machen	III 1	
[se moucher*]	sich schnäuzen, sich die Nase putzen	I 8Z	**1a**
mourir*	sterben	III 4	**36**

O

s'occuper*	sich beschäftigen; sich kümmern	III 3	**1a**
s'occuper* de qn/qc	sich mit jdm./etw. beschäftigen; sich um jdn./etw. kümmern	III 3	
offrir	anbieten, schenken	<I 8Z>; III 4	**16**
offrir qc à qn	jdm. etw. anbieten; jdm. etw. schenken	III 4	
organiser	organisieren	I 8E	**1a**
oublier	vergessen	I 6B	**1a**
ouvrir	öffnen	I 7	**16**

P

parler	sprechen	I 6A	**1a**
parler à qn	mit jdm. sprechen, zu jdm. sprechen	I 6A	
parler de qc	über etw. sprechen	II 3B	
[parler l'arabe]	Arabisch sprechen	I 9A	
Tu parles! *(fam.)*	von wegen *(ugs.)*	II 6	
[participer]	teilnehmen	III M3	**1a**
[participer à qc]	an etw. teilnehmen	III M3	
partir*	weggehen, abfahren	<I 9A>; II 1	**3a**
[partir* en vacances]	in die Ferien/in den Urlaub fahren	I 9E	
passer(*)	vorbeigehen, -fahren, -kommen; laufen/spielen (im Radio)	<I 8Z>; II 1	**1a**
passer à la télé	einen Fernsehauftritt haben	III 4	
[passer ses vacances]	seine/ihre Ferien verbringen	I 9E	
se passer*	geschehen, sich ereignen	II 7B	
payer	bezahlen	I 8	**1g**
peindre	anmalen, anstreichen	III 5	**37**

penser	denken	II 3B	**1a**
penser à qn	an jdn. denken	II 3B	
perdre	verlieren	II 2	**2**
[**photographier**]	fotografieren	III M2	**1a**
[**pique-niquer**]	ein Picknick machen	II 7Z	**1a**
se plaindre*	sich beschweren, sich beklagen	III 5	**37**
se plaindre* de qn/qc	sich über jdn./etw. beschweren, sich über jdn./etw. beklagen	III 5	
plaire	gefallen	<I 5>; II 3A	**9**
plaire à qn	jdm. gefallen	II 3A	
[**se planter***] *(fam.)*	abstürzen *(ugs.)*	III M2	**1a**
pleurer	weinen	II 7A	**1a**
pleuvoir	regnen	II 1	**21**
porter	tragen	I 7	**1a**
poser	setzen/stellen/legen	I 2	**1a**
[**poursuivre**]	*(hier)* fortfahren	II 8Z	**32**
pouvoir	können	I 6B	**10**
pouvoir faire qc	etw. tun können	I 6B	
préférer	vorziehen, lieber mögen	II 5	**1d**
préférer faire qc	etw. lieber tun	II 5	
prendre	nehmen	I 7	**13**
prendre des notes	Notizen machen	II 2, 2	
prendre position sur qn/qc	zu jdm./etw. Stellung beziehen	III 3, 7	
prendre une photo de qn/qc	ein Foto von jdm./etw. machen	I 8	
préparer	vorbereiten	I 4	**1a**
présenter	vorstellen	II 4	**1a**
présenter qc à qn	jdm. etw. vorstellen	II 4	
[**profiter**]	(aus)nützen	<II 1Z>; III M3	**1a**
[profiter de qn/qc]	jdn./etw. (aus)nutzen	<II 1Z>; III M3	
se promener*	spazieren gehen	II 7B	**1c**

proposer	vorschlagen	<II 8B>; III 1	**1a**
proposer à qn de faire qc	jdm. vorschlagen, etw. zu tun	III 1	

Q

quitter	verlassen	I 2	**1a**

R

raconter	erzählen	I 3A	**1a**
ramasser	aufheben/einsammeln	I 2	**1a**
ranger	aufräumen	II 5E	**1f**
rater	verpassen	II 4	**1a**
rattraper	(wieder) einholen	III 5, 7	**1a**
[**réagir**]	reagieren	II 8Z	**3b**
recevoir	empfangen	II 2	**27**
reconnaître	wieder erkennen	II 3A	**22**
refaire	erneuern, neu machen, noch einmal machen	II 3A	**6**
réfléchir	nachdenken, überlegen	II 4	**3b**
reflexive Verben*		II 7B	**1a***
regarder	sehen/ansehen/ betrachten	I 2E	**1a**
[**remercier**]	bedanken	<I 9A>; II 9	**1a**
rencontrer	treffen, begegnen	I 8E	**1a**
rentrer*	heimgehen, heimkommen	II 1,2	**1a**
repartir*	(wieder) weggehen; *(hier)* wegfahren	III 5	**3a**
répéter	wiederholen	<I 8, 14>; II 5, 2	**1d**
répondre	antworten	I 8	**2**
répondre à qn	jdm. antworten	I 8	
[**représenter**]	vertreten	III M3	**1a**

[réserver]	reservieren	<II 7Z>; II 9	**1a**
respecter	achten	I 2	**1a**
rester*	bleiben	I 3A	**1a**
résumer	zusammenfassen	III 1, 1	**1a**
[retourner*]	zurückkehren	III M3	**1a**
retrouver	wieder finden; *(hier)* treffen	<II 2>; III 1	**1a**
réussir	gelingen, fertigbringen	II 4	**3b**
réussir à faire qc	gelingen, etw. zu tun; etw. fertigbringen	II 4	
revenir*	zurückkommen	II 1	**8**
rêver	träumen	I 3A	**1a**
rêver de qc	von etw. träumen	I 3A	
revoir	wiedersehen	II 3A	**20**
rigoler	lachen *(ugs.)*	I 8	**1a**
rire	lachen	II 4	**28**
rouler	fahren	III 5	**1a**

S

s'/se + Verb*	reflexive Verben	II 7B	**1a***
saluer	(be)grüßen	II 3E	**1a**
[sauver]	retten	III M1	**1a**
savoir	wissen	I 6B	**11**
savoir faire qc	etw. tun können *(wissen, wie es geht)*	I 6B	
sentir	riechen, fühlen	III 3; <III M2>	**3a**
se sentir*	sich fühlen	<II 1Z>; III 3	
signer	unterschreiben	II 1	**1a**
soigner	pflegen	III 2	**1a**
sonner	klingeln	I 3B	**1a**
sortir*	hinausgehen, hinausfahren; ausgehen	<I 9A>; II 1	**3a**
sortir* de qc	(aus etw.) hinausgehen, hinausfahren; ausgehen	<I 9A>; II 1	

souligner	unterstreichen	III 1, 3	**1a**
suivre	folgen	III 4	**32**
[surprendre]	überraschen	II 8Z	**13**

T

téléphoner	telefonieren	I 3A	**1a**
téléphoner à qn	mit jdm. telefonieren/ jdn. anrufen	I 3A	
<tenir>	halten *(hier nur in „Tiens!" bzw. „Tenez!": Sieh mal da!/Na sowas!)*	I 1	**8**
[terminer]	beenden, fertigstellen	<I 9B>; III M2	**1a**
tomber*	fallen	<I 8Z>; II 2	**1a**
[tomber* malade]	krank werden	II 8A	
tourner	abbiegen, drehen	I 5	**1a**
tourner qc	etw. drehen	I 6A	
travailler	arbeiten	I 4, 12	**1a**
travailler sur qc	etw. erarbeiten, an etw. arbeiten	II 5, 13	
traverser	überqueren	I 5	**1a**
[trembler]	zittern	II 9Z	**1a**
[tricher]	mogeln; *(hier)* abschreiben	II 4, Z	**1a**
trouver	finden	I 2E	**1a**
se trouver*	sich befinden	II 7B	
[tuer]	töten, umbringen	II 9	**1a**

V

vendre	verkaufen	I 8	**2**
venir*	kommen	<I 9B>; II 1	**8**
[venir* chercher qn]	jdn. abholen kommen	<I 9B>; III M2	
venir* de faire qc	gerade etw. getan haben	II 4	
[venir* voir qn]	jdn. besuchen (kommen)	II 9	

visiter	besichtigen	I 3A	**1a**
vivre	leben	<II 1Z>;	**23**
		II 3E	
voir	sehen	<I 9B>;	**20**
		II 1	
[venir* voir qn]	jdn. besuchen (kommen)	II 9	
voler	stehlen	I 5	**1a**
[**voter**]	wählen, seine Stimme abgeben	II 4, Z	**1a**
vouloir	wollen	I 6B	**12**
vouloir faire qc	etw. tun wollen	I 6B	
voyager	fahren, reisen	III 3	**1f**

LÖSUNGEN

Leçon 1

1. Endungen: je: -ais; tu: -ais; il/elle/on: -ait; nous: -ions; vous: -iez; ils/elles: -aient.
a) tu t'excusais; **b)** ils étaient; **c)** vous vous allongiez; **d)** il ouvrait; **e)** elle attendait; **f)** nous finissions; **g)** je commençais; **h)** elles avaient.

2. **a)** Laurent a présenté David à Charlotte et à Elodie. **b)** En vacances, mes parents dormaient jusqu'à onze heures. **c)** Ma mère et moi avons proposé à Charlotte de manger avec nous. **d)** Charlotte se baladait sur la plage quand David est arrivé.

3. **a)** avez demandé pardon (Passé composé: zeitlich begrenzte Handlung); **b)** ai rencontré (Passé composé: einmalige Handlung oder Handlungskette); **c)** allions (Imparfait: Begleitumstand, gewohnheitsmäßige Handlung); **d)** sont arrivés (Passé composé: zeitlich begrenzte Handlung); **e)** avait (Imparfait: zeitlich nicht begrenzte Handlung).

Leçon 2

1. **a)** étaient passés; **b)** était allée; **c)** s'était arrêté; **d)** étaient sorties.

2. **a)** (Plus-que-parfait). On ne dormait pas pendant la nuit! **b)** (Imparfait). Thomas et son frère étaient partis pour la première fois en France. **c)** (Präsens). Julia et moi mangions trop d'escargots! **d)** (Imparfait). J'avais visité la vieille ville à pied. **e)** (Präsens). Toi et Laure avez acheté une poule au marché. **f)** (Plus-que-parfait). Tu n'allais jamais à Dijon?

3. **a)** mangions (Imparfait: gewohnheitsm., zeitl. nicht begrenzte Handlung); **b)** dormiez (Imparfait: gewohnheitsm., zeitl. nicht begrenzte Handlung); **c)** as répondu (Passé composé: einmalige, zeitl. begrenzte Handlung); **d)** aviez déjà fini (Plus-que-parfait: Vorvergangenheit); **e)** ont commencé (Passé composé: einmalige, zeitl. begrenzte Handlung).

LÖSUNGEN

Leçon 3

1. **a)** Heureusement, les contrôleurs de bus sont gentils. **b)** Babaka a bien répondu aux questions de l'interview. **c)** Les devoirs de Nouria étaient moins bien que les devoirs de Nathan. **d)** En cours, toi et Nathan étiez vraiment très drôles. **e)** Tu peux me répondre gentiment? **f)** Je travaille mieux que ma sœur.
2. **a)** Au collège, Nathan s'endort souvent. **b)** Hier, je me suis promené au centre-ville./Je me suis promené au centre-ville hier. **c)** Toi et Babaka avez beaucoup aimé l'interview. **d)** Nathan et sa famille ont déjà quitté Lyon. **e)** Ce matin, tu t'es levé tôt.
3. **a)** Babaka et sa mère ne se sentaient pas français. **b)** Nouria était en colère parce qu'elle et sa mère s'étaient disputées. **c)** Nathan s'est moqué du contrôleur. **d)** Nathan et Babaka s'étaient levés à 6 heures du matin pour faire leurs devoirs.
4. **a)** avais-tu peur; **b)** a-t-il vu; **c)** A-t-elle appelé; **d)** Avait-elle; **e)** As-tu parlé.

Leçon 4

1. **a)** C'est elle qui est morte hier soir. **b)** C'est nous qui nous asseyons toujours derrière Bruno. **c)** C'est lui que je suivais quand le policier est arrivé. **d)** C'est eux qui mourront avant les enfants./Ce sont eux qui mourront avant les enfants. **e)** C'est vous qui vous êtes assis sur le lit. **f)** C'est lui qu'Elodie et Samira ont suivi.
2. **être:** je serai, tu seras, il/elle/on sera, nous serons, vous serez, ils/elles seront; **avoir:** j'aurai, tu auras, il/elle/on aura, nous aurons, vous aurez, ils/elles auront; **vouloir:** je voudrai, tu voudras, il/elle/on voudra, nous voudrons, vous voudrez, ils/elles voudront; **pouvoir:** je pourrai, tu pourras, il/elle/on pourra, nous pourrons, vous pourrez, ils/elles pourront.
3. **Mit einfachem „r":** je filmerai, je paierai, je ferai, j'appellerai, je saurai, je suivrai; **Mit doppeltem „r":** je mourrai, je pourrai, je verrai, je courrai;

Mit eingeschobenem „d“: je viendrai, je voudrai.

4. – vas venir; – vais finir; – va passer; allons écrire; – allez enregistrer.

5. ne pourrai pas aller; ferai; Pourrez; pourrons; paierai; Viendrez; seront; aurons.

6. **a)** étais; habitions; avons déménagé; quitterons. **b)** sommes allés; étais; avais perdu; ai pleuré; verrez; ne pleurerai pas.

Leçon 5

1. **a)** Antonin craint le week-end avec ses parents. **b)** Louise et Samira se sont plaintes de la cigarette. **c)** J'éteindrai ma cigarette quand ma mère arrivera. **d)** Fabien et moi peindrons l'affiche demain. **e)** Tu craignais la mer quand tu étais petit? **f)** En vacances, toi et papa vous plaignez toujours de la météo!

2. Salut Nicolas,
Je t'écris de la Bretagne. Mes parents ont choisi une très petite île. **Evidemment (1)**, j'ai apporté mon vélo alors ce n'est pas trop nul. Ici, les gens parlent **différemment (2)**. **Je ne comprends pas toujours (3)**. Les crêpes bretonnes **sentent bon (4)** et ne **coûtent pas cher (5)**. Nous en mangeons **énormément (6)**! Je t'écrirai plus **longuement (7)** demain.
A bientôt!
Antonin

3. **Horizontal**
2. t'es endormi
4. avons offert
7. s'était plaint
8. deviendrai
10. étiez partis
12. s'excuseront

Vertikal
1. commençais
3. suis
5. éteint
6. fallait
9. dormais
11. mourra

LÖSUNGEN

[Module 1]

1. **a)** regarderions (2); **b)** Pourriez (5); **c)** aimeraient (1); **d)** pourrait (4); **e)** parlerais (3); **f)** serais (2).
2. **a)** S'; **b)** Quand; **c)** Si; **d)** S'; **e)** Quand; **f)** Quand.
3. **a)** ne passeront pas, ne travaillons pas; **b)** m'aimait, serais; **c)** finissons, ne nous donnera pas; **d)** vendriez, achetiez/vendrez, achetez; **e)** avaient, feraient; **f)** deviens, travailleras/devenais, travaillerais.
4. **a)** La forêt brûlerait longtemps si les pompiers n'étaient pas rapides./La forêt brûlera longtemps si les pompiers ne sont pas rapides. **b)** Nous irions à la plage si nous n'avions pas d'école. **c)** Si Jonathan continue comme ça, je le quitterai. **d)** Si madame Bricault trouve le jeune garçon, elle lui donnera un cadeau.
5. **a)** Les incendies détruiront les forêts. **b)** Les enfants ont cassé la fenêtre pour sortir. **c)** Le garçon a sauvé deux jeunes enfants. **d)** Les flammes ont brûlé des maisons et des voitures. **e)** Les policiers arrêteront la personne qui a fumé dans la forêt. **f)** Les gens jettent leurs cigarettes dans la forêt.

[Module 2]

1. **vouloir:** que je veuille, que tu veuilles, qu'il/elle/on veuille, que nous voulions, que vous vouliez, qu'ils/elles veuillent; **écrire:** que j'écrive, que tu écrives, qu'il/elle/on écrive, que nous écrivions, que vous écriviez, qu'ils/elles écrivent; **aller:** que j'aille, que tu ailles, qu'il/elle/on aille, que nous allions, que vous alliez, qu'ils/elles aillent.
2. **a) prendre:** ils prennent → que je prenne; **b) devoir:** ils doivent → que je doive; **c) appeler:** ils appellent → que j'appelle; **d) finir:** ils finissent → que je finisse; **e) voir:** ils voient → que je voie; **f) venir:** ils viennent → que je vienne.
3. **a)** finisse; **b)** fasses; **c)** ait; **d)** aimez; **e)** sont; **f)** soit.
4. **a)** C'est la <u>lettre</u> que j'ai écrite. **b)** Ce sont les <u>enfants</u> qu'elle a eus. **c)** C'est le <u>sandwich</u> qu'il a mangé. **d)** Ce sont les <u>photos</u> qu'ils ont prises. **e)** Ce sont les <u>bateaux</u>